Rosa ist das Grau der Optimisten
22. Würth-Literaturpreis

Rosa ist das Grau der Optimisten

22. Würth-Literaturpreis

Mit einem Vorwort
von Juli Zeh

Herausgegeben von
Dorothee Kimmich und Philipp Alexander Ostrowicz
unter Mitarbeit von Anja-Simone Michalski

Swiridoff Verlag

WÜRTH

Die Tübinger Poetik-Dozentur und der Würth-Literaturpreis sind Projekte der Adolf Würth GmbH & Co. KG.

Erste Auflage 2011

Gestaltung und Satz: Neues Sortiment, Karlsruhe
Druck und Bindung: Beltz Druckpartner, Hemsbach

ISBN: 978-3-89929-220-6

Inhaltsverzeichnis

Juli Zeh
Vorwort

Manchmal halte ich inmitten einer beliebigen Tätigkeit inne, während ich zum Beispiel die Spülmaschine ausräume, spazieren gehe oder ein Buch lese. Fast erschrocken hebe ich den Kopf, blicke für ein paar Sekunden ins Leere – und plötzlich ist da ein Satz. Er kommt aus dem Nichts, schlägt in mich ein wie ein Blitz und verlangt von mir, dass ich ihn von seiner Flüchtigkeit befreie, allerdings ohne zu verraten, worauf er sich eigentlich bezieht.

Solche Sätze schreibe ich auf, in irgendeine Datei, die *Fragmente*, *Notizen* oder *Sonstiges* heißt. Da sammeln sie sich, ein Haufen Treibholz an den Ufern des menschlichen Bewusstseins. Gelegentlich stöbere ich in diesen Sammlungen, wenn ich mit einer Geschichte nicht weiterkomme, weil irgendein rätselhafter, unbekannter Baustein zu fehlen scheint. So wie man in einem Haufen alter Schlüssel wühlt, nachdem man beschlossen hat, seit Jahren mal wieder die Schublade des Sekretärs auf dem Dachboden zu öffnen.

Oft ist es so, dass sich tatsächlich einer der gesammelten Sätze in die fragliche Geschichte einbauen lässt und ihr dadurch zum Fortgang verhilft. Das erzeugt bei mir ein seltsames Gefühl oder vielleicht eher eine seltsame Vorstellung: Als wären alle zu schreibenden Texte dieser Welt bereits einmal vollendet gewesen, aber im Zuge des Urknalls in Milliarden von Einzelteilen zersprengt und über das Universum verteilt worden. Sie rasen wie Meteoritenstaub durchs All und schlagen gelegentlich in Form von Wort-Sternschnuppen in ein menschliches Gehirn ein. Autoren sind Menschen, die solche Sprachmeteoriten magisch anziehen. Sternschnuppen-Blitzableiter. Ihre Aufgabe besteht darin, die Splitter wieder zu einem sinnvollen Ganzen zusammenzusetzen.

Als ich das Thema für den 22. Würth-Literaturpreis stellen sollte, habe ich einfach in eine meiner Satzsplittersammlungen gegriffen und ein Exemplar herausgefischt. *Rosa ist das Grau der Optimisten* ist eine solche Sternschnuppe. Ein Satz, der vor vielen Jahren vom Himmel fiel und bislang in keinen meiner Texte passen wollte.

Sollte ich erklären, was die Wendung bedeutet, müsste ich mit dem Raten beginnen. Vielleicht ist sie eine etwas hübschere Formulierung des Ausspruchs »›Nett‹ ist die kleine Schwester von ›scheiße‹«, will also sagen, dass Mittelmäßigkeit nicht besser wird, wenn man sie in freundlichen Farben lackiert. Oder vielleicht geht es darum, dass Optimismus und Pessimismus zwei gleichermaßen durchsichtige Geisteshaltungen sind, weil der Mensch nun einmal nicht in die Zukunft sehen und sich deshalb einfach aussuchen kann, wie er sein kommendes Schicksal finden möchte. Oder wir haben es einfach nur mit einer Aufforderung zu tun, wehrlose kleine Mädchen nicht immer in diese hässlichen pinkfarbenen Klamotten zu stecken.

Die Wahrheit ist: Ich weiß es nicht. Da meine Schreibtätigkeit noch keinen Text hervorgebracht hat, in dem dieser Satz fehlt wie ein schwieriges Puzzlestück, habe ich keine Ahnung, worauf er hinaus will. Allerdings ziehen die meisten Satz-Sternschnuppen einen Schweif aus Assoziationen hinter sich her, ein rätselhaftes Licht, das den Satz keineswegs erklärt, wohl aber ein wenig beleuchtet. So war es auch in diesem Fall. Wenn ich »Rosa ist das Grau der Optimisten« denke, sehe ich zwei Menschen, eine vielleicht vierzigjährige Frau und einen deutlich älteren Mann, die mitten in einer (wahrscheinlich amerikanischen?) Großstadt stehen, am Rand einer stark befahrenen Straße. Es gießt in Strömen, ein wahrhaft apokalyptischer Regen, der von oben und unten gleichzeitig zu fallen scheint – so hoch spritzt er von den Straßen zurück, die sich allesamt in Flüsse verwandelt haben. Die beiden Personen stehen unter der Markise eines Hotels, nass bis auf die Haut und außer

Atem, denn sie sind gerannt. Ich muss noch erwähnen, dass sie einander nicht kennen. Sie treffen sich zum ersten Mal, aber nicht zufällig. Der Regen hat sie bei einer Art Blinddate überrascht. Es ist jedoch keine Liebesangelegenheit, sondern etwas Geschäftliches oder Familiäres, das sie zusammenführt. Sie betrachten einander mit verhohlenem Misstrauen, und das Unwetter wirkt auch nicht gerade wie ein gutes Omen. Es schafft eine unangemessene Intimität, als säßen sie gemeinsam in einem Zelt. Dem Mann gelingt es irgendwie, das gepflegte Aussehen eines Gentleman gegen Wind und Nässe zu verteidigen; die Frau allerdings befindet sich im Zustand fortgeschrittener Auflösung. Die vollgesogenen Klamotten kleben unanständig am Körper, die Haare hängen ins Gesicht, das zerlaufene Make-up behauptet, sie hätte geweint.

Weil die Frau vor Kälte zittert, betritt der Mann das Hotel und kommt wenig später mit einem großen Handtuch zurück. Einst von elegantem Weiß, wurde es durch falsches Waschen verfärbt. Vermutlich hatte sich ein roter Strumpf in die Maschine verirrt, weshalb man dem Mann an der Rezeption gesagt hat, dass er das Handtuch nicht zurückzubringen brauche. Er überreicht es der Frau. Das Rosa ist ihm peinlich wie eine anzügliche Bemerkung. Während die Frau beginnt, ihr nasses Haar zu frottieren, versucht der Mann zur Auflockerung der Situation einen Scherz.

Er sagt: »Rosa ist das Grau der Optimisten.«

In diesem Augenblick wissen alle Beteiligten, also Mann, Frau, Autorin und Leser, dass die Sache zwischen den beiden nicht gut ausgehen wird. Vielleicht sind sie miteinander verwandt, ohne es zu wissen, und werden auf Seite 450 ein Kind miteinander zeugen.

Ob sich meine Assoziation jemals in einen Roman verwandeln wird, ist äußerst ungewiss. Einstweilen haben 164 andere Autoren die Herausforderung angenommen, dem vom Himmel gefallenen Satz schreibend einen Platz zuzuweisen. 15 der schönsten Geschichten versammelt diese Anthologie. Die Vielseitigkeit der entstandenen Texte beweist ein weiteres Mal, dass das universale Puzzle namens Literatur ebenso viele Lösungen wie Mitspieler besitzt. So wie auf jede Sternschnuppe viele Wünsche passen.

Anke Laufer
Am Klippenrand

Der Wind schleudert Sand über den Rand des Kliffs. Das Meer da unten ist grau und aufgewühlt, die Gischt türmt sich entlang der Wasserlinie zu schmutzigen Schaumbergen.

Runter in die Bucht gehe ich nicht mehr. Aber hierher treibt es mich immer wieder, auf das Kliff und zu dem abgesperrten Spielplatz. Ja, verdammt, ich sitze schon wieder auf deiner Schaukel, rauche die dritte Zigarette, spiele mit dem Klappmesser in meiner Jackentasche und überlege, wo ich heute meine Zeichen in die Felsen ritzen soll. Yeo was here. Fuck off.

Ich schaukle nicht. Und irgendwann ist da auch das Gebrüll nicht mehr, mit dem sich die Brandung an den Strand wirft, das Möwengeschrei, alles, was so dazugehört. Es kommt nicht mehr an bei mir. Stattdessen bist du da.

Gut festhalten, sagte ich zu dir, bevor ich dich höher und höher fliegen ließ mit jedem Schubser. Ganz oben sah ich dich mit den nackten Füßen zappeln und hörte, wie du kleine, glückliche Schreie von dir gabst.

Die Absperrbänder knattern im Wind wie fernes Gewehrfeuer. Als ich die Augen aufmache, sehe ich eine Kleine im Regenmantel den Pfad entlangkommen, den früher die Jogger benutzten. Sie sieht aus, als habe sie gerade Prügel bezogen, blickt bloß immerzu auf den Boden, wo sie mit ihren Gummistiefeln vorsichtige Trippelschritte macht. Ans Umkehren scheint sie nicht zu denken. Auf einmal habe ich einen üblen Geschmack im Mund.

Normalerweise traut sich kein Kind aus der Siedlung mehr auf die Bruchklippen, die Zeiten sind vorbei. Das sind Yeos Klippen, sagen die Leute, die gehören jetzt ihm ganz allein.

Ich werfe die Kippe in den Sand und rutsche von der Schaukel.

Es war Tom, der mir den Spitznamen verpasste, als ich anfing, allein auf dem Kliff rumzuhängen. Bald nannten mich alle so. In der Schule verschaffte mir das ziemlichen Respekt, denn mein Namenspatron ist eine Legende, der schlimmste Typ, der in unserer Gegend je gehaust hat. Also streifte ich mir mit seinem Namen auch die Haut von Yeo über, dem Schmugglerkönig, dem Meuchelmörder. Erst war das bloß so ein Spiel, aber je älter ich wurde, desto ähnlicher wurde ich ihm, wie er durch unsere Köpfe spukte: blass und ausgemergelt, mit strähnigen Haaren und mit diesem verschlissenen Mantel, dessen Schöße beim Gehen hinter ihm her flappten. Yeo wird dich holen, wenn du deinen Teller nicht leer isst. Geh nicht zu tief ins Wasser, sonst holt dich Yeo. Spiel nicht bei den Klippen, wenn es dunkel wird, dort draußen wartet er, der herumwandert, Nacht für Nacht.

Tom und ich malten uns aus, wie Yeo die Kinder in seine Höhle schleppte, ihnen dort grausame Dinge antat und sie schließlich weit fort übers Meer brachte, in eine Festung, wo er sie an Sklavenhändler verkaufte. Es gab eine Zeit, wir waren zehn oder elf, als wir uns vornahmen, seine Höhle in den Kreideklippen zu entdecken, samt vergessener Schmugglerware, die uns reich machen würde. Besonders an einen Tag erinnere ich mich. Wir hatten stundenlang gegraben und hockten am Ende müde zwischen Sand und Geröll. Wolkenschatten flogen über uns hinweg. Weit oben auf dem Kliff ließ jemand einen roten Drachen steigen. Ich sagte zu Tom: »Gleich schlitzt er der fetten Wolke da drüben ihre graue Wampe auf. Und dann kommt der Regen, wirst sehen.«

Schon komisch, gerade als ich daran denke, fängt es an zu schütten. Die Kleine blickt kurz auf und sieht mich dastehen, duckt sich tiefer und geht schnell vorbei, den Pfad hinunter. Ich kann sie wimmern hören wie ein Tier, das in eine Falle geraten ist.

An selben Abend, nach der Buddelei, trugen Tom und ich die Schaufeln nach Hause. Wir trennten uns bei mir vor der Haustür. Drinnen konnte ich Marina Gitarre üben hören und es roch nach einem von Mamas Eintöpfen. Trotzdem blieb ich auf der Schwelle stehen und sah Tom nach, wie er die Straße zur Siedlung hinuntertrödelte. Toms Mutter war vor Jahren abgehauen und sein Vater setzte ihm zu, wegen der Schule.

Freunde sind wir immer noch, Tom und ich. Nur dass wir jetzt bloß in seinem Zimmer sitzen, Bier trinken oder ein bisschen Gras rauchen. Wir reden nicht viel. Tom erwähnt dich nie und ich bin froh darüber. Am Ende sagt er dann immer, er müsse sich jetzt wieder ans Lernen machen. Also gehe ich. Jetzt bin ich es, der es nicht eilig hat, nach Hause zu kommen.

Die Kleine ist weggelaufen, garantiert. Die Eltern streiten, geben sich gegenseitig die Schuld, und die älteren Geschwister, was weiß ich, alle suchen sie schon. Ich denke an das Messer in meiner Jackentasche und werde mit einem Mal unheimlich wütend. Es kann doch gar nicht sein, dass ihr nie einer die Geschichten erzählt hat über Yeo und das Kliff. Kleine Mädchen sind niemals sicher, nicht mal an einem Sommertag am Strand, nicht mal beim Sandburgenbauen.

Marina und ich maulten, wenn wir auf dich aufpassen mussten, aber im Grunde hatten wir unseren Spaß, so als hätten wir überraschend einen kleinen Hund geschenkt bekommen, der in den Sand pinkelt oder ihn frisst, wenn man gerade nicht hinsieht. Wir bauten eine Sandburg für dich, wir erzählten dir von Yeos Festung, wir zogen einen hohen Verteidigungswall drumherum und setzten dich hinein.

»Da bringt er die Kinder hin. Solche, die ihre große Schwester nerven und nicht in Ruhe ihr Buch zu Ende lesen lassen«, sagte Marina zu dir.

Die meiste Zeit lag ich bloß faul auf unserer Picknickdecke und stopfte mich mit Mamas Sesamkringeln voll. Die Sonne machte mich schläfrig. In der Thermoskanne war eiskalter Orangensaft. Mama hatte etwas dagegen, dass wir uns am Kiosk Pommes und Cola kauften. Mama, die nie damit gerechnet hatte, auf ihre alten Tage nochmal schwanger zu werden, grub nach deiner Geburt den Hinterhof um und baute Gemüse an. Als du ungefähr vier warst, legte Papa die Fundamente für einen Anbau, in dem jeder von uns dreien sein eigenes Zimmer haben würde. Der endete dann als Bauruine. Und was Mama angeht: Bei uns gibt es jetzt Fertiggerichte, wie bei anderen Leuten auch.

Die Kleine geht auf den Klippenrand zu, immer näher, und ich hinterher. Sie fängt an, Steinchen in den Abgrund zu kicken, so als wäre nichts dabei, trotzig sieht sie aus und zäh, aber der Wind heult immer lauter und es ist bloß eine Frage der Zeit, bis sie den Halt verliert, über die Kante geblasen wird, direkt da runter.

Einmal, etwa ein Jahr, nachdem es passiert war, fragte ich Marina, ob sie Lust auf eine Partie Scrabble habe. Früher war das unser Lieblingsspiel. Sie saß auf ihrem Bett und lackierte sich die Nägel blutigrot. Da fiel mir auf, wie leer ihr Zimmer aussah.

»Wo sind deine Bücher?«, fragte ich, aber sie zuckte bloß mit den Schultern.

»Aber die Bücher können doch nichts dafür«, sagte ich.

»Hau ab, Yeo«, sagte sie, »hau einfach ab.«

»Gib Ruhe, lass mich lesen, nur das Kapitel noch, dann bauen wir Yeos Burg zu Ende, versprochen«, hatte sie zu dir gesagt. Kurz darauf war ich eingedöst. Jedenfalls schlief ich tief und fest, während es passierte.

Seither schlafe ich wenig, und wenn, dann träume ich. Wie ich versuche, an dem steilen Festungswall hochzuklettern und dich zu retten. Der Sand rutscht unter mir weg, so dass ich nicht vom Fleck komme. Wenn ich aufschrecke, zwischen Schlaf und Wachsein, denke ich: Wir hätten die Burg nicht aus Sand bauen sollen, wir hätten dafür schnelltrocknenden Superzement nehmen sollen, den aus Papas Anbau, wo jetzt alle Werkzeuge liegen und vor sich hin rosten.

Am Ende, wenn ich wieder klar denken kann, fällt es mir ein. Dass es nicht Yeo war, der dich geholt hat, sondern bloß das Meer. Es holte dich, trug dich weg und spuckte dich wieder aus, zwischen Muscheln, Steinen und kreischenden Kindern. Keine dreihundert Meter entfernt von unserer Sandburg, an der die Flut nagte.

Die Leute aus der Siedlung sagten uns Bescheid. Eine Menschentraube stand um dich herum. Jemand legte mir eine Hand auf die Schulter. Ich starrte auf dich hinab und es schoss mir durch den Kopf: dass das Meer sich hebt und senkt, nicht einfach so, sondern dass es atmet und denkt. Dass das Meer sich wohl irgendwas gedacht haben muss dabei, bloß dass ich es nicht kapierte.

Von deinen Fingernägeln war nichts mehr übrig. Abgewetzt bis auf das rohe Fleisch. Du hattest dich gewehrt, dich an den Felsgrund, die Miesmuschelbänke geklammert. Hattest dich nicht einfach so wegholen lassen. Von uns.

»Hey, das ist gefährlich, was du da machst«, rufe ich zu der Kleinen hinüber.

Sie dreht sich zu mir um. Ihre Augen unter dem Kapuzenrand sind ganz verquollen. Schließlich fragt sie zögernd: »Bist du Yeo?«

»Ja«, sage ich, »genau der.« Und dann frage ich: »Hast du Angst vor mir?«

Sie schüttelt den Kopf und zieht den Rotz wieder die Nase hoch. Sie hat aufgehört zu heulen. Klar fürchtet sie sich, aber wenigstens hat sie Mumm. Sie steht bloß still da und guckt über das Meer, das immer noch schiefergrau ist, fast schwarz, wo aber auf einmal knapp über dem Horizont der Rand der ausgefransten Wolkendecke erst zu leuchten, dann zu brennen beginnt, in tiefem Rosarot.

Plötzlich bin ich nicht mehr wütend. Bloß müde und ausgehungert.

»Komm«, sage ich zu ihr, »ich bring dich nach Hause. Kinder haben hier nichts zu suchen.«

Anna-Kathrin Warner

Schneeland

Silja sah aus dem Fenster. Nichts als Schnee. Weiße Flächen, glänzend unter einem Himmel, in dem die Sonne sich diffus verlor. Zwischenlicht. Eine feine Eisblume hatte sich in der unteren Ecke des Fensters gebildet, dort, wo die Feuchtigkeit sich sammelte. Mit dem Fingernagel kratzte Silja an der Scheibe. Wir müssen den Ofen anmachen, dachte sie. Feuerholz spalten. Daniel hat das doch längst tun wollen. Papier zum Anzünden hatten sie jedenfalls genug. Claudia hatte sich eingedeckt, sämtliche Wochenendausgaben der großen Tageszeitungen hatte sie mitgeschleppt. Claudia hatte immer alles, was sie brauchte.

Daniel müsste rausgehen, Holz von dem Stapel nehmen, den der Bauer ihnen gezeigt hatte, sie hatten sein Norwegisch kaum verstanden, zur Axt greifen, sie über den Kopf heben und fallen lassen. Die Axt hatte ihnen der Bauer auch gezeigt.

»Kannst du das?«, hatte Silja gefragt.

»Klar.« Daniel hatte eine wegwerfende Geste gemacht.

Wieder starrte sie auf die schimmernde Fläche, die vor ihren Augen flimmerte, ohne Anfang und ohne Ende.

Türenschlagen und das schabende Geräusch von Schneeanzügen. »Wir sind dann mal weg!«

Silja beobachtete, wie Jonas und Frida draußen ihre Langlaufskier anschnallten. Jonas warf Frida mit einem Schneeball ab, Frida duckte sich und lachte. Sie richteten ihre Skier auf der Loipe aus, dann verschwanden sie hinter der Wegbiegung.

Wo war eigentlich Daniel? Als Silja aufgestanden war, war das Bett unter ihr leer gewesen. Silja hatte einen schalen Geschmack im Mund gespürt. Die Luft in der winzigen Schlafkammer schien ihr nicht mehr auszureichen.

Der Himmel, eben noch hell, mit einem rosafarbenen Schimmer, wurde rasch dunkler. Winzige Schneeflocken schwebten herunter, schienen in der Luft zu stehen und sanken zu Boden, auf die weiße Fläche, wo die anderen Schneeflocken sie aufnahmen.

Silja drehte sich um. Brotkrümel und Apfelsinenschalen auf dem Tisch, mitgebrachte Marmelade. Es sei alles viel zu teuer in Norwegen, hatte Daniel behauptet und den Kofferraum vollgestopft. Dass es in Norwegen auch Läden gäbe, hatte Silja gedacht, aber nicht gesagt. Dass die Norweger auch von etwas leben müssten. Sie selbst hatte zu wenig mitgenommen, nur einen Wollpullover, Strickmütze, Schal.

Wo war Daniel? Silja machte sich auf die Suche.

Durcheinander geworfene Stiefel im Eingang, Jacken, offene Reisetaschen in den Zimmern, drei mal zwei Etagenbetten.

Aus dem Duschraum hörte sie Wasserrauschen. Dann unverständliche Worte. Claudia kam heraus, das Handtuch vor der Brust verknotet. Silja starrte sie an.

»Was ist denn?« Claudia kniff die Augen zusammen. »Ich brauch meine Brille.« Sie tappte weiter, öffnete ihr Zimmer und hinterließ nasse Fußspuren auf dem Dielenboden. Das Wasser rauschte immer noch.

Silja kehrte an ihren Platz am Fenster zurück. Wie weit waren sie eigentlich vom Polarkreis entfernt? Gab es in der Nähe nicht einen Gletscher? Konnte das sein, dachte sie, dass Leute in so unterschiedlichen Welten lebten? Rein geografisch gesehen?

Als sie angekommen waren und der Bauer mit seinem Schneeschieber vor ihnen hergefahren war, hatte sie nur das Licht der Scheinwerfer gesehen. Später hatte Silja die Fensterläden der Schlafkammer geöffnet und nach Sternen Ausschau gehalten. Die Schwärze hatte so undurchdringlich vor ihr gestanden, dass ihr schauderte. Das sei eben Natur, hatte Daniel gesagt.

Sie könnte den Ofen saubermachen, vorbereiten, damit Daniel die Scheite nur noch zurechthauen müsste und sie anzünden mit einem Span, zerknülltes Zeitungspapier darunter.

Ob Frida und Jonas lange wegbleiben würden? Silja stützte das Kinn in die Hand und sah nach oben. Die Flocken wirbelten durcheinander und stürzten auf sie zu, ihr wurde ganz schwindelig davon.

Die Klospülung. Eine Tür schlug zu. Bodendielen knarrten. Alles geschieht hinter meinem Rücken, dachte Silja, ich brauche nur hinauszuschauen, dann sehe ich nicht, ob Claudia ihre Brille gefunden oder Daniel sich angezogen hat. Silja hörte, wie sie ins Wohnzimmer kamen. Daniel diskutierte mit Claudia den deutschen Einsatz in Afghanistan. Wie schon gestern Abend, Silja war irgendwann ins Bett gegangen.

»Was machst du denn da?« Claudias überraschte Stimme.

Es war keine Frage, die eine Antwort verlangte.

»Silja studiert den Schnee.« Daniel kam von der Seite. »Alles okay mit dir?« Er wandte sich schon wieder ab und zwinkerte Claudia zu.

Am Hindukusch ist es jetzt kalt, dachte Silja. Die Schneeflocken bildeten inzwischen einen dichten Vorhang. Wo der ganze Schnee bloß herkommt, dachte sie.

»Ich mach mal Licht an. Und übrigens, Afghanistan …« Wieder Claudia. Geschirrklappern aus der Küchenzeile. Klopfen am Abfalleimer. Leises Fluchen von Daniel. Der Geruch von kaltem Kaffeesatz und das Scharren eines Handfegers.

Der Schnee schluckt alle Geräusche, dachte Silja, er legt Watte über die Welt. Sie drehte sich um. Daniels Locken kringelten sich feucht auf seinem Wollkragen, seine blauen Augen blitzten, seine Hände drehten die mitgebrachte Espressokanne zu, während er das nächste Argument suchte. Claudia hatte eine Hand in die Hüfte gestemmt und unterstrich ihre Worte mit der anderen, die blonden Locken zurückgeworfen, die Wangen vor Eifer errötet, die Brille auf der Nase.

»Ich weiß nicht, was du hast, die Militärtransporter kommen in der Wüste doch gar nicht weiter!« Claudia schüttelte den Kopf.

»Nein?«, sagte Daniel und schaute sie an, wie er jemanden anguckte, der ihm ein höchst interessantes Angebot machte.

Daniel wäre am liebsten selbst nach Afghanistan gegangen. »Als Kriegsreporter unterwegs, das wär was«, hatte er mal zu Silja gesagt. »Wartest du dann auf mich? Und schickst mir warme Socken?« Er hatte es scherzhaft gesagt, aber Silja hatte genickt.

Auf dem Couchtisch lag noch das Mensch-ärgere-dich-nicht-Spiel. Jonas und Frida hatten es gestern Abend im Wandschrank entdeckt, wo es zerfleddert neben Kerzen und Heftpflastern lag. Sie hatten es aufgestellt und verlangt, dass alle mitspielten.

Silja teilte sich eine Figur mit Daniel. Daniel lachte auf, wenn er Claudia hinauswarf. Dabei lag seine Hand auf Siljas Knie. Claudia kniff konzentriert die Augen zusammen. Manchmal fielen die Figuren auf der verknickten Spielfläche um. An den Fingern hafteten Lackbrösel von den Figuren.

Irgendwann war Silja aufgestanden. Nur Frida kam ihr hinterher, als sie kurz vor die Tür trat. »Alles in Ordnung?«

Silja hatte genickt. Am liebsten hätte sie geraucht. Daniel hatte damit aufgehört und schaute sie jedes Mal abfällig an, wenn sie sich eine Zigarette drehte. Sie hatte keinen Tabak mitgenommen. Silja stellte sich vor, wie sie rauchte und der Rauch in einer Spirale bis hinauf zu den Sternen zog.

Als sie wieder hereinkam, schüttelte Daniel gerade die Würfel in der Hand. »Ärgerst du dich?« Er hatte geworfen, ohne sie anzusehen. Das war gestern gewesen.

Plötzlich stießen Jonas und Frida die Tür auf. »Wir mussten umkehren, nichts zu machen. Unglaubliches Schneegestöber!«

»Der Ofen ist ja gar nicht an!« Das war Fridas enttäuschte Stimme.

»Wir haben kein Holz mehr.« Silja hob die Schultern.

»Ich hol was rein«, brummte Jonas und zog seine Stiefel wieder über.

Frida hockte sich vor den Ofen und fegte die kalte Asche aus.

»Ich geh hin und helf ihm!« Silja stand auf.

»Lass nur, Silja, Jonas schafft das.«

»Ich würde gerne Holz holen.«

Die Flocken stachen wie Nadeln. Silja schloss die Augen bis auf einen Spalt. Sie vernahm das Hacken der Axt. Jonas schafft das, hatte Frida gesagt. Jonas tat es einfach, dachte Silja, und Frida konnte sich auf ihn verlassen. Daniel, der redete lieber.

Silja stapfte geradeaus, der fallende Schnee hüllte sie ein. Nach einer Weile spürte sie das Kribbeln ihrer Hände. Sie hatte die Handschuhe vergessen. Als sie sich umdrehte, sah sie nur wirbelndes Weiß. Die Hütte war verschwunden.

Silja ließ sie sich rücklings in den tiefen Schnee sinken.

Die Flocken breiteten eine Decke über sie, bedeckten ihre Arme und ihre Beine. Weich wie ein Daunenbett, dachte Silja. Der Kältetod sollte ein sanfter Tod sein, man spürte ihn nicht, weil man erst einschlief und anschließend erfror. Von unten kroch es eisig über ihren Rücken.

Ein paar Atemzüge noch. Silja spürte, wie der Schnee auf ihre Wangen und ihre Lider fiel. So einfach wäre es, selbst zu verschwinden. Sie wurde müde. Weich wie eine Daunendecke.

Mühsam erhob sie sich. Ein Teil des Schnees fiel von ihr ab, der Rest klebte an der Wolle ihres Pullovers. Sie horchte auf das Klopfen. Nichts. Von oben fiel immer noch Schnee. Ihre Spuren waren zugeschneit, auch der Umriss ihres Körpers, dort, wo sie gelegen hatte, wurde langsam überdeckt.

Silja wollte losrennen und stolperte. Wie weich der Schnee sie auffing. Sie richtete sich wieder auf. Wohin bloß? Sie horchte, es musste doch etwas zu hören sein! Sie strengte die Augen an: oder zu sehen! Jetzt meinte sie ein Klopfen zu hören und sogar Stimmen. Oder war es nur das Brausen des Schneefalls?

Silja öffnete den Mund. Sie holte tief Luft und schrie. Gegen den Schnee und gegen die Kälte und dagegen, dass sie sich verlaufen und dass Daniel den verdammten Ofen nicht angezündet hatte. »Der – ver – dammte – Ofen!«

Mit einem Mal hörte sie Rufe, Stimmen. Silja bewegte sich darauf zu. Einen Schritt, noch einen Schritt. Sie sank ein, zog den Fuß heraus, sank wieder ein. Die Stimmen wurden lauter. Ein gelblicher Schein im fallenden Weiß, die Fenster der Hütte.

Eine Gestalt kam Silja entgegen. Frida, aufgelöst. »Du spinnst ja!« Sie streckte die Hände nach ihr aus.

Silja drückte sie, so fest sie konnte. Gemeinsam folgten sie Fridas Spuren zurück. Jonas zog sie herein und schlug die Tür hinter ihnen zu. Claudia lehnte abseits und verzog keine Miene. Daniel war nicht zu sehen.

Silja spürte, wie es in ihr, ganz tief innendrin, warm war und immer wärmer wurde. Sie schüttelte sich, dass die Flocken flogen. Sie schmolzen umgehend auf dem Boden der Hütte, vervollständigten die graue Matschfläche. Sie zog den Pullover über den Kopf. »Es ist alles okay!« Sie knetete ihre Hände und rieb sie.

Dann ging sie in die Wohnstube, griff nach einer Zeitung, zerknüllte sie, steckte sie in den Ofen, griff nach den Scheiten, die Jonas bereits herein getragen hatte, schob die Streichholzschachtel auseinander, entnahm ein Streichholz, riss es an und hielt es an den Haufen. Flammen züngelten auf, blau, hell, ließen die Zeitung auflodern, leckten am Holz. Bald prasselte das Feuer und verbreitete einen rötlichen Schein.

Silja studierte den Fahrplan, der in der Hütte hing. »Ich würde dann morgen fahren.« Ein paar Sachen, dachte sie, die sind schnell gepackt.

Gerhard Dick

Monbazillac

Auch die beiden Herren hatte er schon früher getroffen. Siglechner mit der goldenen Brille und dem gezwirbelten Schnurrbart, und den weißhaarigen Kunstmann, der der Chef der Sparkasse war. Beide im Anzug, farblich und stilistisch leicht zu unterscheiden. Siglechner der fröhlichere von beiden, blond und eher sportlich. Kunstmann etwas schwerer, behäbiger, in den Farben ruhiger, auch in den Bewegungen gemessener. Seine Krawatte war dunkler, die Manschettenknöpfe weniger auffällig. Auf ihn würde man sich immer verlassen können.

Sie sprachen von Sicherheiten, die ihr Kunde offensichtlich nicht mehr aufzuweisen hatte.

»Mit meinen Sicherheiten habe ich damals auf Ihre Empfehlung hin die Wohnung gekauft«, erklärte Overkamp und setzte sich auf den Stahlrohrsessel, den man ihm angeboten hatte. Die braune Aktentasche stellte er vorsichtig neben sich auf den Boden.

Frau Bachmann nickte. Sie drehte an der Kappe ihres Füllfederhalters, der eine goldene Feder hatte. Das wusste Overkamp. Er hatte ihre Unterschrift bewundert.

Kunstmann beugte sich über Frau Bachmanns Unterlagen, blätterte darin, warf einen Blick auf den Computerbildschirm, legte die Papiere zur Seite. Er wusste Bescheid. Er musste nicht lange rechnen.

»Sie haben natürlich ein gewisses Alter erreicht …«, sagte er zögerlich, ohne Overkamp anzusehen.

Ob man einen Espresso wolle, fragte Siglechner und ging, nachdem Kunstmann kurz genickt hatte, ins Nebenzimmer.

Auch Frau Bachmann blätterte in ihren Unterlagen. Draußen schien die Sonne und beleuchtete ihr rotgoldenes Haar. Es war ihm auch damals aufgefallen. Er hatte zuvor nur Bankangestellte erlebt, deren Haar kontrolliert und klar begrenzt war: knapp geschnitten bei den Männern, streng zurückgekämmt und gebunden bei den Frauen. Auch der Füller war auffällig. Nur die Leiter der Banken schienen sonst mit Füllern zu schreiben.

Siglechner stellte das weiße Tässchen vor Overkamp auf den Tisch und brachte den kleinen Korb, in dem in münzförmigen Verpackungen kleine Kekse lagen.

»Ich bin sehr zufrieden mit der Wohnung!«, sagte Overkamp, als ob er Frau Bachmann trösten wollte.

Dass sie nie mehr zum damaligen Preis verkauft werden könne, bedauerte Kunstmann zutiefst. Es schmerze ihn, wenn Wohnraum keine Wertschätzung mehr erfahre und zum Objekt kurzfristiger Spekulation verkomme. Er beobachtete seine Finger, die er vorsichtig aufeinander zubewegte. Sobald die Spitzen sich leicht berührten, blickte er auf und schaute Overkamp in die Augen. Von Mann zu Mann. Dies sei das Schicksal, schien er zu meinen. Dagegen sei man machtlos, man müsse ihm standfest begegnen. Das wirkliche Problem aber, so behauptete er, liege an ganz anderer Stelle.

»Einige Jahre werde ich schon noch auf dieser Erde wandeln!«, versicherte ihm Overkamp. Er wollte ironisch klingen. Zumindest lächelte er zaghaft. Nicht zu Frau Bachmann hinüber. Auch nicht zu den Männern gewandt. Eher zwischen ihnen hindurch zum Fenster hinaus.

»Unser Haus kann Ihnen keine weiteren Kredite mehr gewähren!«, gab Kunstmann ihm freundlich zu verstehen. »Es sei denn ...«

Er neigte sich nach vorne. Die Botschaft war klar, ließ keinen Raum für Diskussionen. Seine Stimme klang sorgenvoll. Weniger wegen des Sachverhalts, den er als endgültig, aber nicht als lebensbedrohend einstufte. Man lebe in einer Gegend mit sozialen Sicherungssystemen.

Seine und auch seiner Mitarbeiter Sorge habe mit anderem zu tun. Sie sei entstanden angesichts eines rätselhaften Umstandes, den man hier im Hause zuweilen angesprochen, aber noch nicht wirklich thematisiert, geschweige denn gelöst habe.

»Ihre Ausgaben sind von etwas ungewöhnlicher Art«, erklärte er mit dem Anflug eines Schmunzelns. Er strich sich mit der Hand über die Mundwinkel und erwiderte das undeutliche Lächeln Overkamps. Sein eigenes lebte auf und wurde zielgerichtet. Es traf Overkamp. Er schaute ihm wieder ins Gesicht.

»Es geht um die Beträge, die Sie in regelmäßigen Abständen an Kistenmacher überweisen, Herr Overkamp. Die Höhe der Zahlungen scheint uns mit Ihrer sonstigen Lebensführung nicht zu korrelieren. Sie sind schließlich ein bescheidener Mensch und leben, wie wir seit Jahren beobachten, nicht auf großem Fuße. Sie wissen, was ich meine.«

Overkamp überlegte. Er sah nicht hilflos aus, sondern nachdenklich. Es überrasche ihn, dass man ausgerechnet von Kistenmacher reden wolle. Das sei schließlich seine Privatangelegenheit. Eine schützenswerte Sphäre, die mit Erlebnissen zu tun habe, die sich nicht quantifizieren ließen.

Er schlug die Augen nieder, betrachtete den dünnen, vergoldeten Henkel der Espressotasse, strich vorsichtig daran entlang. Sie brechen sehr leicht, stellte er verwundert fest, ohne sich an Frau Bachmann oder einen der beiden Herren zu wenden.

Er hätte das Augenmerk der hier Anwesenden viel lieber auf anderes gerichtet, sagte er bekümmert und schob, nachdem er einen winzigen Schluck zu sich genommen hatte, die Tasse behutsam zur Mitte des Tisches.

Man verfolgte seine Bewegungen und hörte ihm höflich zu. Das Kaffeegeschirr habe Frau Bachmann in einer Boutique in Luzern gekauft, erklärte Siglechner. Nicht in allen Bank-Filialen könne man den Kunden ein Porzellan von solcher Güte bieten. Er lachte ein wenig.

»Die Gemeinschaft der Eigentümer«, sagte Overkamp ungerührt und lehnte sich zurück. Er legte das immer noch eingepackte Keks auf seine Handfläche, als sei es tatsächlich ein Goldstück.

Seine Worte schienen Wirkung zu zeigen. Sie trafen auf volles Verständnis. Man wisse Bescheid über die regen Aktivitäten in den Apartmenthäusern am Autobahnzubringer. Ein Aushängeschild der Stadt, besonders für Touristen, die sich von Norden her näherten. Kunstmann nickte und Siglechner nickte. Frau Bachmann legte ihren Füller zur Seite und drehte an ihrem Fingerring.

Die Hausgemeinschaft, fuhr Overkamp fort, dränge ihm und seinesgleichen zunehmend kostspieligere Entscheidungen auf. Es vergehe kein Monat, an dem nicht wieder eine Versammlung einberufen werde, um Maßnahmen zur Modernisierung der Außenanlagen zu überlegen, um das überholte Design der Parkbänke zu beklagen oder die lästigen Kastanienschäden auf den Gästeparkplätzen. Nicht nur er habe Mühe, die finanziellen Folgen dieser Diskussionen zu schultern. Das sei der Sachverhalt, von dem er geglaubt habe, ihn heute erörtern zu können. Schließlich liege allein in diesen überhöhten Instandsetzungsinvestitionen der Grund für seine Situation. Er verstehe durchaus, dass letztere aus Sicht einer Bank als misslich angesehen werden müsse.

Kunstmann dankte für das Verständnis und drückte seinerseits sein tiefes Mitgefühl aus. Er nahm ein Keks, dessen Verpackung einem Maria-Theresien-Taler nachempfunden war.

»Demokratische Abstimmungen können mitunter schmerzlich sein«, räumte er ein, während er kleine Fetzen dünnen Goldpapiers von seinem Keks löste, zusammendrückte und als winzige Kugel in den Aschenbecher rollen ließ. Manchmal sei es in der Tat notwendig, sich zu organisieren, Interessengruppen zu bilden, zielbewusste, allein ergebnisorientierte Gespräche im Vorfeld der Entscheidungen zu führen. Natürlich erfordere das Geduld, taktisches Geschick und Fingerspitzengefühl.

Man habe zum wiederholten Male die ganze Fassade streichen müssen, klagte Overkamp und beschrieb die Vorgehensweise der beauftragten Firmen in genau beobachteten Details. Seine Mitbewohner nähmen den Glanz des Äußeren sehr ernst. Zu ernst, wie er meinte.

Mit gewaltigen Mehrheiten habe man in den Hausversammlungen fast jedes Jahr für die aufwändigsten Malerarbeiten gestimmt, die man sich nur vorstellen könne. Kaum sei der unterste Stock fertig gestrichen, glaube man mit dem obersten schon wieder anfangen zu müssen oder mit der Neulackierung der Balkone. Allein der Gerüstbau nehme Tage in Anspruch.

Kunstmann hob bedauernd Schultern und Hände, äußerte wiederum sein tief empfundenes Mitgefühl. Es gebe da sicher Unannehmlichkeiten: Lärm, Staub und Geruchsbelästigung. Man könne sich das gut vorstellen.

Vom Einbau der kupfergerahmten Energiesparfenster und den zusätzlichen Maßnahmen zur Wärmedämmung wolle er gar nicht reden, ergänzte Overkamp.

Siglechner und Frau Bachmann nickten. Kunstmann hielt sein Keks an die Lippen, legte es sich nachdenklich auf die Zunge, kaute kaum merklich und räusperte sich mehrmals, nachdem er geschluckt hatte.

Etwas lauter als zuvor, als hätte die kleine Stärkung sich sofort auf die Stimmgewalt ausgewirkt, stellte er schließlich in belehrendem Ton und mit Blick auf seine Angestellten fest: »Was immer mit der durch unsere Bank finanzierten Wohnung geschieht – sobald sie sich im Besitz des Käufers befindet, ist sie nicht mehr unsere Angelegenheit.«

Kunstmanns Finger schienen sich wie selbsttätig in insektenhaften Bewegungen von lästigen Krümeln zu befreien. Frau Bachmann schrieb vorsichtig einige Worte auf das Papier. Siglechner hörte betont aufmerksam zu.

Man habe Overkamp sowohl mündlich als auch schriftlich informiert, dass der Kauf einer Eigentumswohnung durchaus nicht mit finanzieller Sorgenfreiheit verbunden sei. Mit der Inbesitznahme der Wohnung habe Overkamp damals die Bank aus ihrer Verantwortung entlassen.

Overkamp stellte fest, dass Frau Bachmann langsam und ordentlich auch seine Worte notiert hatte. Kein richtiges Protokoll. Einfach nur Notizen, beschwichtigte sie ihn. Man wolle alle Sachverhalte sowohl aus der eigenen als auch aus der Sicht der Kunden nachzeichnen. Man wolle verstehen, ergänzte Kunstmann.

»Das fröhliche Pink der Außenwände macht sich aber wahnsinnig gut vor dem dunklen Waldstück!«, meine Siglechner. Er komme jedes Mal an den Hochhäusern vorbei, wenn er auf die Loipe gehe.

Idyllisch habe Overkamp es dort oben. Aber über die Sache mit Kistenmacher müsse man dennoch sprechen, da sei er einer Meinung mit Herrn Kunstmann. Vom Girokonto aus überwiesene Beträge seien im vorliegenden Fall durchaus keine Privatangelegenheit.

Kunstmann hatte kurz genickt. Er würdigte die unterstützenden Worte seines Angestellten und bemerkte, dass auch er das Langlaufen liebe. Es sei ihm angesichts der langen Wartezeiten und der zunehmenden Abfahrtsgeschwindigkeiten auf unseren Pisten sogar lieber als das gewöhnliche Skifahren. Er wandte sich wieder Overkamp zu, der sich in Sachen Wintersport seinerseits als passionierter Schneeschuh- und Tourengeher charakterisierte.

»Auch nicht schlecht!«, bemerkte Kunstmann anerkennend.

Dass seine Bank dem bislang zuverlässigen Kunden eine ganze Reihe zusätzlicher Kredite zu recht günstigen Konditionen gewährt habe, meinte er daraufhin, das zeuge doch von einem nicht unbedeutenden Maß an Vertrauen. Von einem auf das persönliche Wohl des Herrn Overkamp bedachten Entgegenkommen.

Er könne von seiner Wohnung aus bis ins Montafon hineinschauen, erzählte Overkamp nicht ohne Stolz. Auch dort gebe es wunderbare Skigebiete.

Frau Bachmann hielt im Schreiben inne, strich über ein Fließblatt und schaute kurz auf. Sie hatte verspielte, schmale Finger. Einer davon schien schwer an einem goldenen Ring zu tragen. Overkamp sah, dass er als einziger auf dem Fließblatt auflag.

»Bis ins Montafon?«, fragte sie ungläubig. Als hätte sie nicht recht verstanden.

»Sie wissen doch, wie weit es von hier bis zum Montafon ist?«, erkundigte sich Kunstmann misstrauisch.

Siglechner streckte beide Hände nach den Sonnenstrahlen aus, die den Raum durchquerten und das Haar der Frau Bachmann aufleuchten ließen.

»Ihre Wohnung – es ist doch die 12a? – die geht nach Süden hinaus!«, stellte er fest. Overkamp wusste es. Man hatte die Pläne genau betrachtet, auf denen in der Ecke eine Windrose eingezeichnet war. Er wusste es auch, weil er oft zu den Bergen hinüber schaute und das Abendlicht dann von rechts auf seine Wangen fiel.

Worauf Siglechner hinaus wollte, war zweierlei. Einerseits sei der Ausblick aus dem siebten Stock in der Tat traumhaft, wie es die Broschüren seines Hauses immer noch mit Recht behaupteten. Man denke nur an die Mischwälder am unteren Ende des Schattbergkofels, die im Herbst in allen Farben heraufleuchteten. Er erinnerte auch an die Felsmassen der Sorghofer Wand mit der Aussichtskanzel und dem Ehrenmal der Gebirgsjäger.

»Aber«, so fuhr er fort und blickte Overkamp missbilligend an, »wegen dem vorgelagerten Sorghof-Massiv sehen Sie doch nicht einmal in das Retterschwanger Tal hinüber. Selbst vom Dachgeschoss aus nicht. – Geschweige denn ins Montafon!«

»Vom Montafon ganz zu schweigen!«, wiederholte er lachend, suchte Zustimmung bei Kunstmann, der seinerseits die Vermutung anstellte, dass Herr Overkamp als nicht Einheimischer möglicherweise die Bergketten oder deren Namen verwechselt habe. Selbst er, obwohl er seit Jahrzehnten schon bei der Bergwacht sei, könne immer noch nicht alle Gipfel seiner Heimat mit der eigentlich zu erwartenden Zuverlässigkeit identifizieren. Zumal es auf deutscher und auf österreichischer Seite oft unterschiedliche Bezeichnungen gebe.

»Aber«, so ergänzte er mit einem Blick auf die über der Tür angebrachte Wanduhr, »wir sollten doch noch einmal diese Kistenmacher-Geschichte ansprechen. Wir würden Ihnen alle gern helfen, Herr Overkamp.«

Overkamp blieb ungerührt. Schließlich sei er doch der einzige der hier Anwesenden, der tatsächlich seit Jahren in der Wohnung 12a wohne. Vor allem wenn es ruhig und dunkel sei, so beharrte er, könne er von seinem Balkon aus mehrere Dörfer des Montafon erkennen, deren Höfe sich unterhalb der Gipfel zu kleinen Lichterketten zusammenfügten. Außerdem sei er im Besitz eines Fernglases bester Qualität.

Frau Bachmann zeichnete mehrere ineinander liegende Dreiecke und schraffierte sie. Nicht vollständig. Unsystematisch, einmal das eine, dann das andere.

»Die Kosten für Kistenmachers Weinsendungen haben in letzter Zeit deutlich zugenommen!«, gab Kunstmann nach einer langen Pause zu bedenken.

»Die Preisentwicklung verhält sich umgekehrt proportional zu der mir verbleibenden Lebensspanne«, erklärte Overkamp und lächelte erwartungsvoll, als hätte er den anderen nun die alles entscheidende Quizfrage gestellt.

Kunstmann runzelte die Stirn. Wie er das meine, wollte Siglechner wissen und strich erschrocken über seinen Schnurrbart.

Zu seiner Beruhigung fügte Overkamp hinzu, dass es immer nur eine einzige Flasche sei, die der Weinhändler Kistenmacher für ihn von einem südfranzösischen Winzer besorge.

Siglechner schaute Overkamp entrüstet an. »Sie zahlen für einen Liter Wein mehr als für … als für … eine Woche Skiurlaub?« Es fiel ihm kein besserer Vergleich ein. Er schaute hilflos erst zu Kunstmann, dann zu Frau Bachmann.

Frau Bachmann hatte den Füllfederhalter beiseite gelegt. Sie erwiderte seinen Blick nicht, schaute zum gekippten Fenster hinüber, wo ein leichter Wind den Vorhang bewegte.

»Aber die Weinpreise sind doch in den letzten Jahren recht stabil geblieben, Herr Overkamp.« Kunstmann erwähnte den Merlot, den seine Frau des Öfteren aus dem Supermarkt hole. Spitzenqualität und dennoch nicht überteuert. Er war unruhig geworden.

Auch er trinke hin und wieder einen guten Tropfen, bekannte Siglechner. Aber doch nicht zu diesen Wahnsinnspreisen.

»Wenn man sich beim Kauf anpassen und sich immer an die uns nächstliegenden Jahrgänge halten kann, dann haben Sie beide völlig Recht«, bestätigte Overkamp.

Kunstmann zeigte sich respektvoll. Man habe es hier also mit einem wahren Kenner zu tun, vermutete er. Mit einem Feinschmecker, der Fachzeitschriften lese, Empfehlungen vergleiche, regionale und sortenspezifische Unterschiede erschmecken und erriechen könne und nach langer Erfahrung nur noch ältere Weine zu genießen bereit sei.

»Oder er erwirbt diese zu Spekulationszwecken!«, fügte er verschmitzt lächelnd hinzu. »Das wäre natürlich ein ganz neuer, auch für uns relevanter Aspekt.«

»Je länger ich lebe, um so höher wird der Preis meines Weines!«, erklärte Overkamp zum wiederholten Male mit einem nun wehmütigen Lächeln. Allerdings sei er gar kein Vergleicher, kein Feinschmecker im Sinne der Zeitschriften und Fernsehprogramme. Und schon gar kein Spekulant. Er halte seit vielen Jahren an einem einzigen Wein fest und an einem einzigen Jahrgang. Das werde sich nicht mehr ändern. Er bleibe damit auf seltsame Weise mit entscheidenden, weit zurückliegenden Momenten seines Lebens verbunden. Er kenne sogar den Weinberg. Er habe sogar die Trauben reifen sehen. Die eines einzigen Herbstes. Es handle sich hier um Sachverhalte, deren Einzelheiten er nie seiner Bank werde eröffnen können.

»Nicht quantifizierbar!«, Kunstmann erinnerte sich an Overkamps Formulierung und schaute wieder zur Uhr.

»Inzwischen übertrifft der Preis einer einzigen Weinlieferung die monatlichen Zinszahlungen und Darlehensraten!«, stellte Siglechner immer noch staunend fest.

Overkamp nahm einen letzten Schluck Espresso, stellte wiederum vorsichtig die Tasse ab und räumte ein, dass er diese Entwicklung auch selbst beobachtet habe. Er sehe aber nach wie vor keine Möglichkeit, sie aufzuhalten.

Er bedankte sich, stand langsam auf, schob den Stuhl zurück und griff nach seiner Aktentasche. Kunstmann entschuldigte sich und öffnete die Glastür zum Nebenzimmer. Er müsse nun wirklich zur Vorstandssitzung. Siglechner folgte ihm. Man wünschte sich gegenseitig alles Gute. Möglicherweise könne Overkamp seinen Fall noch einmal mit Frau Bachmann bereden oder einen weiteren Termin wahrnehmen. Falls überhaupt noch Gesprächsbedarf bestehe.

»Das kann ich nicht annehmen!«, sagte Frau Bachmann, als Overkamp ihr die Flasche Wein auf den Schreibtisch stellte.

Overkamp beruhigte sie. Es sei ein einmaliges, grund- und folgenloses Geschenk. Sie brauche keine Angst zu haben, nichts zu befürchten. Eine kleine Erinnerung an den Kauf der Wohnung, nichts weiter. Schließlich habe sie ihn damals beraten und letztendlich überzeugt. Er sei immer noch glücklich über seine Wahl.

»Bitte!«, sagte Overkamp und schob die Flasche vorsichtig ein Stück weiter. »Tun Sie mir den Gefallen!« Er lächelte, verschloss die Aktentasche und wandte sich zum Gehen.

Sie habe einen Freund in der Schweiz, sagte sie zaghaft. Auch er kenne sich mit Weinen aus. Sie wusste nicht, ob sie die Flasche berühren sollte. Sie zögerte, schaute auf und sah ihn hilfesuchend an.

Die Sache mit dem Montafon habe sie irritiert, meinte sie dann. Das Sorgschrofenmassiv sei schließlich keine Hügelkette, sondern ein geradezu allgegenwärtiger Gebirgszug, der sich über mehrere Kilometer hinweg von West nach Ost erstreckt und nirgendwo eine geringere Höhe als zweitausend Meter aufweist.

Das wisse er, sagte Overkamp. Er sehe es jeden Tag. Dunkel bewaldet auf der unteren Hälfte. Geriffelter Nagelfluh mit den Resten des Gletschers ganz oben.

Sie musterte ihn. Nicht mitleidig. Nachdenklich. Er hielt ihrem Blick stand. Auch die dunkelblauen Augen waren ihm damals aufgefallen. Sie strich sich eine Haarsträhne aus der Stirn.

Sie stellte fest, dass es auf Grund der geografischen Gegebenheiten somit völlig ausgeschlossen sei, dass man von seinem Balkon aus einen Blick ins Montafon werfen könne. Auch mit einem Fernglas seien die am höchsten gelegenen Dörfer unmöglich zu sehen.

Overkamp bat sie noch einmal, das Geschenk anzunehmen. Auch ihr Freund werde es zu schätzen wissen.

Was das Montafon angehe, so wolle er noch eines klarstellen. Er habe nie behauptet, dass zu seiner durch sie vermittelten Immobilie eine feststehende, verbürgte, gesicherte, sozusagen permanente Aussicht auf das Montafon gehöre. Wenn zu jeder Tag- und Nachtzeit der Blick in jenes zugegebenermaßen sehr weit entfernte Tal möglich wäre, hätte ihm das beim Kauf sicher hoch angerechnet werden müssen. Schließlich wiegen bei den Touristen und Zweitwohnungsbesitzern die Ausblicke oft schwerer als die Ausstattungen. Es hätte in den Broschüren vermerkt werden müssen.

Er wisse aber aus eigener sowohl Überzeugung als auch Erfahrung, dass es manchmal möglich ist. In eher seltenen Fällen, nicht eindeutig begründbar, das gebe er durchaus zu. Er sei in diesem Zusammenhang kein Verheimlicher, kein Verschönerer und kein Verniedlicher. Er könne der Wahrheit ins Auge blicken. Aber dennoch. Manchmal, da reiche sein Blick bis ins Montafon hinein. Die oberen Randgipfel sind klar erkennbar. Ebenso die höher gelegenen Dörfer. Er wisse, wovon er spreche.

Das Telefon klingelte. Frau Bachmann ließ es zweimal läuten. Vom Nebenzimmer war Kunstmanns Stimme zu hören. Wiederum ein wenig lauter als zuvor. Siglechner kam herüber, um die Espressotassen, Servietten und Kekse abzuräumen. Er warf einen überraschten Blick auf die Weinflasche. Frau Bachmann nahm den Telefonhörer ab, sprach einige Worte, legte die Stirn in Falten, schaute zur Wanduhr hinauf und notierte eine Telefonnummer. Sie warf Overkamp einen bittenden Blick zu, flüsterte etwas, deutete auf die Flasche. Inzwischen war Siglechner an den Schreibtisch herangetreten, um neugierig das Etikett zu inspizieren. Der Wein habe ein ganz eigenes, rotgoldenes Leuchten, meinte er zu Overkamp gewandt. Wie schwerer Honig oder Bernstein sehe er aus.

Er nahm das Tablett auf und ging ins andere Zimmer. Während Frau Bachmann den Hörer auflegte, hörte man durch die Glastür hindurch einen kurzen Aufschrei Kunstmanns, ein leises, klirrendes Geräusch, einen dumpfen Aufschlag. »Dieses blöde Tablett!«, stieß Siglechner beinahe weinerlich hervor. Man hörte das Murmeln und Flüstern der beiden Männer. Scherben klirrten leise. Als Overkamp sich zur Tür wandte, warf er einen Blick in das Nebenzimmer. Kunstmann und Siglechner hatten sich auf den Boden gekniet, um mit tastenden Fingern die weißen, stellenweise wie Gold schimmernden Überreste einer Espressotasse zusammenzusuchen.

Horst Berger

Blümls Plädoyer

Die meisten Leute hier sind sehr nett. Alle sind anständig und hell gekleidet, alles in Weiß sozusagen, und es herrscht keine Hektik. Das Essen ist übrigens gut.

Auch hier gibt es Regeln, klar. Das stört mich nicht. Nur die abgeschlossene Tür irritierte mich anfangs. Jetzt nicht mehr. Ich habe nachgedacht, und weiß nun: Das Abschließen dient meiner Sicherheit. Das beruhigt, und ich genieße diese Ruhe nach der Hetze der vergangenen Tage.

Was für ein Trubel war das, welch ein Geschrei, verzerrte Gesichter; am Ende auch Schuldzuweisungen. Dagegen wehre ich mich und werde die Herren und Damen in ihren weißen Kitteln zu überzeugen wissen. Ich bereite mich vor, Tag für Tag, damit ich die treffenden Worte wähle. Niemand soll sagen können, dass ich ein Wirrkopf sei.

Nur wenn ich des Nachdenkens müde bin, schließe ich die Augen, lege die hässlichen Bilder in meinem Kopf zur Seite und genieße ein Lächeln, eine Berührung. Sachte erwidere ich den Druck und fühle die Wärme. Ich genieße den prickelnden Strom von Schenkel zu Schenkel. Der Gedanke daran lässt mich erschauern. Es ist wie ein Raunen, ein ferner Klang: der Name Rita.

Das metallische Kratzen des Schlüssels kommt immer im falschen Moment!

»Na, Blüml, wieder eingeschlafen? Jetzt aber raus an die frische Luft. Ein bisschen Bewegung, das wird dir gut tun.«

Ich lege offen gesagt keinen Wert auf diese Spaziergänge. Schon aus Sicherheitsgründen würde ich darauf verzichten. Man hört nicht auf mich.

Der junge Mann hat mich zunächst auf meinen Runden begleitet. Er hat versucht, ein Gespräch anzufangen. Ich wollte nicht unhöflich sein, doch ich hatte zu arbeiten: meine Verteidigungsrede!

Jetzt sitzt er unter dem Sonnenschirm. Ich drehe allein meine Runden und spinne den Gedanken von vorhin noch eine Weile fort.

Ich denke an eine Frau und nenne sie Rita. Früher jedoch war sie stets Fräulein Kohler. Plumpe Vertraulichkeit war nie meine Art. Nichts überstürzen, dachte ich nur, mein Tag wird kommen. Saß mir das Glück doch direkt gegenüber.

Das Unglück aber folgte schon bald. Auf einmal hieß es: Die Kohler muss umziehen. Die liebe Kollegin wurde mir ohne Erklärung genommen.

Aus dieser Enttäuschung heraus – und etliche Wut, das muss ich zugeben, war auch mit im Spiel – bin ich zu meinem Chef gegangen. Stenzer heißt der. Ohne mich anzumelden, trat ich bei ihm ein. Ich weiß, das lieben Vorgesetzte nicht. Aber holt man dem Mitarbeiter die vertraute Kollegin so einfach weg, mir nichts dir nichts?

Die Frage »Warum?«, das wusste ich ja, war immer ein schlechter Anfang. So tat ich mich schwer und druckste herum. Schon fing Herr Stenzer selbst an, Fragen zu stellen: Wie ich mit meiner Arbeit zufrieden sei, ob mir mein Zimmer behage und meine Kollegin? Nun war ich sehr überrascht. Wusste er nichts von Ritas Versetzung? Das konnte nicht sein, der tat nur so. Was wollte der hören? Sollte ich gar die Beherrschung verlieren?

Dass Ritas Versetzung ein heftiger Schlag für mich war, das ist keine Frage, und mein Chef hat gewusst, wie mich das treffen würde. Man hat mir dies wunderbare Geschöpf nicht gegönnt. Oder hat man geahnt, was zwischen Rita und mir zu keimen begann? Ich selbst dachte längst an eine Bindung fürs Leben.

Glaubte man gar, sie sei zu jung für mich? Für einen wie Stenzer wohl ja, aber für mich? Ich bin ein Mann im besten Alter. Oder war er es selbst, der mich ausstechen wollte? Er, dessen Haar ja schon dünn wird, dessen flapsiger Gang nur ein Vortäuschen ist. Und ausgerechnet der tut jetzt ganz ahnungslos.

Das schmerzte mich. Ich nannte ihn scheinheilig, wenn er jetzt vorgebe, er habe von Fräulein Kohlers Umsetzung nichts gewusst. Ich sagte ihm auch, dass die Maßnahme nicht nur mich berührt habe. Nein, sie habe auch die Kollegin tief getroffen. Sie habe beim Umzug ins neue Büro die Tränen nur mühsam zurückhalten können.

Stenzer lächelte. Es entstand eine Pause, und mir wurde klar, dass ich's mir bei ihm endgültig verscherzt hatte. Vielleicht bin ich nicht bei Sinnen gewesen, mag sein, aber in diesem Falle war's mir das wert.

»Mein lieber Blüml«, fing Stenzer jetzt an, »was ziehen Sie da für seltsame Schlüsse? Ich habe mit meinen Fragen nur auf das leidige Thema Versetzung hinleiten wollen. Ich dachte mir schon, dass Sie das bewegt. Dabei hätte ich das Thema überhaupt gern vermieden … wenn Sie verstehen, was ich meine.« Ich verstand nicht. Ich verstand ganz und gar nicht und das sagte ich ihm auch.

»Na gut«, sagte er. »Dann eben nicht.«

Er hatte aufgehört zu lächeln und redete mit ärgerlicher Miene weiter: »Aber, dass die Kohler ihre Versetzung selbst beantragt hat, das wissen Sie ja. So naiv kann man nicht sein, oder doch?«

»Das glaube ich nicht. Das hätte sie mir gesagt.«

»Ach nee! Und Sie haben nicht die geringste Ahnung, warum sie gegangen ist?«

»Natürlich weiß ich das«, antwortete ich. »Irgendwer von höherer Stelle hat das verfügt.« Ich wies mit dem Finger zur Decke und meinte dabei nicht den lieben Gott. Herrn Stenzer selbst beschuldigen konnte ich nicht; hatte ja keine Beweise.

»Meinen Sie«, sagte er spöttisch.

»Ja, meine ich«, sagte ich trotzig, »wir hatten ein gutes Verhältnis, Fräulein Rita und ich.«

»So, Fräulein Rita … und Sie«, antwortete er und fing an zu lachen. Er meckerte wie ein Ziegenbock, und ich geriet allmählich in Wut.

»Hat man Ihnen«, fuhr er fort, als er ausgemeckert hatte, »nie zugetragen, was Fräulein Kohler über Sie gesagt hat? Wissen Sie's nicht?«

»Nein«, sagte ich, »auf Zuträgerei gebe ich nichts.«

»Ich sag's Ihnen trotzdem: Wären Sie als Schnecke zur Welt gekommen, sagt sie, hätten Sie's leichter. Sie könnten an ihren Schenkeln hochkriechen und dann die Stielaugen ausfahren.« Wieder begann er, meckernd zu lachen. Er brach abrupt ab, machte ein ernstes Gesicht und fragte: »Sagen Sie mal, schauen Sie allen Frauen unter den Rock?«

Vor Überraschung gelang mir nur ein hilfloses Lächeln. Meine Kraft reichte aber, um ruhig zu bleiben. Ich erhob mich gelassen. – Später wurde behauptet, ich sei wütend aufgesprungen.

»Da will mir wohl jemand was anhängen«, sagte ich ruhig.

– Ich habe nicht wie von Sinnen geschrien. Dann verließ ich gemessenen Schrittes, wohlgemerkt, gemessenen Schrittes Herrn Stenzers Büro. – Ich bin nicht gerannt, das stelle ich hiermit klar.

Dass Rita so etwas gesagt haben soll, habe ich keinen Augenblick geglaubt. Das gilt auch heute noch, denn jetzt weiß ich, dass diese Verleumdung Teil eines teuflischen Planes gewesen ist, um mich in dieses Haus, in diesen Garten zu bringen. Und den Gedanken, Rita zur Rede zu stellen, habe ich gleich wieder verworfen. Ein solches Misstrauen hat sie nicht verdient. Sie ist das liebenswerteste Geschöpf, das ich kenne. Es gibt keinen Zweifel, man hat mir ihre Nähe missgönnt.

Auf Stenzers Anweisung hin saß bald ein junger Bursche mir gegenüber; ein Milchgesicht mit Stachelfrisur. Meine Wut auf den Chef schwächte sich dadurch nicht ab. Rita aber lächelte, wenn wir uns trafen. Ich grüßte, sie grüßte zurück, und ich wusste, es hat sich nichts geändert. Man hätte uns die Chance, dachte ich, lange genug gewähren müssen; wahrscheinlich die Chance unseres Lebens.

Endlich bot sich eine Gelegenheit, Rita in ihrem neuen Büro allein anzutreffen. Es war ein Mittwoch, so gegen elf. Ich klopfte an und lauschte. Da hörte ich Stimmen. Aber bevor ich wieder davonschleichen konnte, kam von drinnen ein lautes »Herein«.

Nun hatte ich keine Wahl mehr. Noch krampfhaft nach einem Anlass suchend, drückte ich die Klinke herunter. Rita saß auf ihrem Bürostuhl, ihr schräg gegenüber, mit einer Hinterbacke auf dem Schreibtisch, Stenzer.

»Ah, Blüml«, sagte er, »was wollen *Sie* denn?« Ihn hier zu erwischen, schien ihm nicht recht zu sein, und ich hatte jetzt die Gewissheit, wer hinter der Umsetzung steckte: er selbst!

Eine schwer zu bezähmende Wut stieg in mir auf. Ich zitterte, und mir verschlug es die Sprache, mir fehlten die Worte. Er kam mir zuvor.

»Na Blüml, Sehnsucht gehabt, nach der alten Liebe?« Er meckerte sein mieses Ziegenbocklachen. Rita war dieser Moment peinlich, das sah ich ihr an. Sie lächelte ... ein wenig verlegen, wie mir schien. Unsere Blicke trafen sich, es war wie früher. Ihr Blick gab mir Mut.

»Ich hätte was mit Ihnen zu besprechen ... Rita«, sagte ich fest.

»Oho!«, machte Herr Stenzer und lachte erneut. Auf meinen mutigen Angriff, das verstehe ich ja, war Rita nicht vorbereitet gewesen.

»Ich, ich wüsste nicht was«, stotterte sie. Ich hatte sie aus der Fassung gebracht. Ich bedauere das, aber Stenzers Anwesenheit hatte mein Vorgehen erzwungen.

Herr Stenzer sah mich überrascht an.

»So«, sagte er, »besprechen wollen Sie was … mit Rita.« Schon lachte er wieder sein albernes Lachen.

»Ja«, sagte ich fest, »wenn es erlaubt ist, unter vier Augen.« Er hob die Hände.

»Meinetwegen, meinetwegen«, sagte er, »ich geh ja schon.« Er stemmte sich von der Tischkante hoch und machte ein, zwei Schritte auf die Tür zu. Dann blieb er stehen, drehte sich um, grinste, und mit erhobenem Zeigefinger drohend sagte er: »Aber nicht unter den Rock gucken, Sie wissen Bescheid.«

Ich will nichts beschönigen, das darf man mir glauben. Ich habe entgegen allen Behauptungen meine Beherrschung nicht verloren. Ich bin, wie ich es immer mache, gemessenen Schrittes auf Herrn Stenzer zugegangen.

»Mein Herr«, sagte ich – und ich hatte diese Anrede gewählt, um ihm deutlich zu machen, dass er jetzt einen Schritt zu weit gegangen war.

Ich weiß bis heute nicht, woher auf einmal diese Hektik kam. Auch Rita, scheint mir, hatte die Nerven verloren. Ich weiß nicht, warum? Man hat mich ja nicht mit ihr reden lassen. Dagegen ist ständig von einer Schere die Rede. Ich weiß nichts von einer Schere. Nur Rita hatte auf einmal sehr laut geschrien.

Und ebenso plötzlich gab es Tumult. Nur ich allein bewahrte die Ruhe. Nicht alles konnte ich überschauen und weiß deshalb nicht, warum Stenzer zu Boden gestürzt war; woher das Blut kam, in seinem Gesicht, an seinem Hals. Ich weiß auch bis heute nicht, warum all die weiß gekleideten Leute aufgetaucht sind, wer mich so barbarisch zu Boden gedrückt hat.

Ich wollte ja eine Erklärung abgegeben. Man hat mich nicht zu Wort kommen lassen. Das nehme ich diesen Leuten heute noch übel. Auch Rita kam nicht zu Wort. Ich bin mir sicher, sie hätte meine standhafte Haltung bestätigen können. Es kam nicht dazu. Und je länger ich darüber nachdenke, umso sicherer bin ich: Es war ein abgekartetes Spiel. Stenzer wollte mich aus dem Weg haben.

Mein Rundgang ist zu Ende, mein Aufpasser hat mich auf mein Zimmer gebracht. Er hat die Tür verschlossen; nun ist Ruhe. Die Leute um mich herum sind nett im Großen und Ganzen. Bald gibt es Abendessen. Mit der Verpflegung hier, das betone ich nochmals, bin ich zufrieden.

Dagmar Dusil

Einäugige Hoffnung

Auf den Anschlagbrettern standen Worte. Unbeteiligt. Sie rutschten aus den Sätzen. Gerüchte machten sich die Worte zu eigen und schwirrten durch die verwinkelten Straßen. Alle Deutschen sollten sich melden. Melde dich nicht, Hanna, sagte die Mutter. Vater ist schon lange tot. Gefallen vor Stalingrad. Hanna starrte in den Suppenteller. Ein paar der hochgesteckten Haare hatten sich losgelöst und berührten fast ein Fettauge in der Suppe. Mutter griff in Hannas Haar und zog den Kopf von der dampfenden Suppe weg. Das Fettauge glitt hin und her. Melde dich nicht, Hanna.

Stiefel sind auf dem Kies im Hof zu hören. Ein Hund bellt. Es ist der Hund der Familie Lascu. Die Lascus sind vor den Russen geflohen und haben Zuflucht gefunden im Haus, in dem Hanna mit ihrer Mutter im Erdgeschoss wohnt. Die Lascus bewohnen die Gartenlaube. Herr Lascu döst im Schlafanzug auf der Gartenbank vor sich hin. Tag für Tag. In der Nacht holen ihn die Geister der Vergangenheit ein. Frau Lascus altrosafarbener Morgenrock ist leicht verknittert. Die grauen Nelken drücken sich in den mattglänzenden Stoff wie Narben. Das Lächeln der Lascus ist zu Staub zerfallen. Ihre Hoffnungen saßen einst am Rand zu Bruch gegangener französischer Kaffeetassen. Der Hund im Hof kann lachen. Die Schritte über dem Kies gehören zu Herrn Schmitt, der mit Frau und drei Kindern in der Wohnung lebt, die über Hannas Räumlichkeiten liegt. Der Hund mag Herrn Schmitt nicht. Wegen der Stiefel, sagt Herr Lascu, der Hund ist misshandelt worden von einem, der Stiefel getragen hat. Herr Lascu fällt zurück ins Dösen. Herr Schmitt mag den Hund. Ihr Mann, sagt Herr Schmitt zu Hannas Mutter, hat auf der falschen Seite gekämpft. Ich weiß, sagt

Hannas Mutter, doch man kämpft immer auf der falschen Seite. Herr Schmitt ist in der rumänischen Armee. Deshalb werden sie meine Tochter nicht holen, sagt Herr Schmitt. Verstecken Sie ihre Tochter, rät Herr Schmitt.

Warme Kleider solle man mitnehmen. Einen Pullover und warme Schuhe, vielleicht auch eine Decke. Und eine warme Mütze. Mit den Wintern in Russland sei nicht zu spaßen. Hanna geht bei Frau Bittermann in die Lehre. Sie wird von Frau Bittermann angelernt, Unterwäsche anzufertigen, vor allem Büstenhalter. Frau Bittermann selbst hat einen riesigen Busen. Ich bin mein bestes Aushängeschild, pflegt sie lachend Hanna zu sagen, und der üppige Busen wippt auf und ab. Die Büstenhalter werden aus Leinen gefertigt, vor allem die preiswerten. Doch für die reichen und eleganten Damen der Stadt werden bei Frau Bittermann Büstenhalter aus Musselin, aus kühler Seide oder aus hauchzartem Batist bestellt. In der Seide wachsen matte Veilchen, die nur darauf warten, bis zur Brustwarze einer Frau zu gelangen. Ohne Fischbein ist alles nichts, erklärt Frau Bittermann. Es gibt der Brust Stabilität und Halt. Und den brauchen wir in dieser Zeit.

Du musst dich verstecken, Hanna.

Vor Hanna liegt ein runder Schatten. Sie fällt in den Schatten hinein. Im Schatten fühlt sich Hanna sicher. Herrn Schmitts Tochter braucht keinen kreisrunden Schatten. Herr Schmitt ist Reserveoffizier bei der rumänischen Armee. Ich kann meine Tochter beschützen, denkt Herr Schmitt. Die Gerüchte wollen in der Stadt nicht verstummen. Sie lösen einander ab. Sie werden wilder und wahnwitziger. Abstrus, denkt Hanna. Es heißt, die Deutschen sollen nach Russland geschickt werden, es heißt, die Deutschen sollen beim Wiederaufbau des Landes helfen, es heißt, die Deutschen sollen Wiedergutmachung leisten, für das, was die Deutschen kaputtgemacht haben, für das, was die Deutschen den Russen angetan haben. Wenn der Schatten verschwindet, ist Hanna schutzlos der Willkür aneinandergereihter Worte ausgesetzt. Hanna sortiert die Körbchen für die Büstenhalter. Sie sortiert sie nach Größen: klein, mittel und groß. Wie Verstecke, denkt Hanna. Kleine Verstecke, mittlere Verstecke und große Verstecke.

Hanna steht verloren auf dem Bahnhof. Sie trägt ihr Alleinsein trotz der Gegenwart ihrer Mutter wie ein lose um die Schulter geworfenes Tuch. Die Konturen der um sie stehenden Menschen verschmelzen und werden zu einer riesengroßen Kontur, die nur einem einzigen Wesen gehört. Dann zerfällt das Wesen erneut, und jeder erhält sein Gesicht zurück. Es sind körperlose Gesichter: rund, oval, herzförmig oder eckig. Die Gesichter suchen sich die passenden Körper. Die Menschen gehören zu einem Koffer. Hinter Hannas Stirn sitzt die einäugige Hoffnung. Russische und rumänische Soldaten halten die Menge in Schach. Auf der Kopfbedeckung der russischen Befreier prangt ein Metallstern. Hanna denkt an die heiligen drei Könige. Hanna erhascht einen Blick in das Innere des Viehwaggons. Dort schlägt ein russischer Soldat ein Loch in den Boden. Ein Kornfeld aus Menschen wiegt sich hin und her. Wiegt sich hinauf in die Viehwaggons. Etwas weiter von Hanna entfernt steht die Tochter von Herrn Schmitt. Ein herzförmiges Gesicht ohne Körper, das nicht zu seinem Koffer gehören will. Ein aus der Frucht herausgeschälter Kern. Vati lässt das nicht zu, Vati lässt das nicht zu. Hanna sieht Herrn Schmitt auf dem Bahnsteig. Er läuft zwischen russischen und rumänischen Soldaten hin und her. Seine Arme führen schwimmende Bewegungen aus. Er darf die Arme nicht sinken lassen, da er sonst in der Menge untergeht. Die Waggons sind vollgepfercht. Wie überquellende Körbchen eines Büstenhalters, denkt Hanna. Durch eine Ritze beobachtet sie den Bahnsteig. Aus der Ferne blickt der Kirchturm seinen Kindern nach. Ihr Blick fixiert die ferne Uhr des Kirchturms. Hanna verstaut die dahinschmelzenden Minuten in ihrem Koffer. Vati lässt das nicht zu, die Stimme von Herrn Schmitts Tochter kippt. Schnauze, schreit ein stämmiger Bauer vom

Land, wir werden auch dieses überstehen. Dann ist es still. Auf dem Bahnsteig segelt Herr Schmitt noch immer zwischen uniformierten Körpern. Hanna bemerkt, dass die Räder sich drehen. Als sie schneller werden, hört Hanna ein letztes: Vati lässt das nicht zu. Der Kirchturm ist in die Wolken gefallen. Der Krüppel hinter Hannas Stirn ist müde, doch er lebt.

Das Lager umfasste 1800 Personen. Hanna wurde Arbeit bei den Kreosotbädern zugewiesen. Ein eisiger Wind fegte über das Land und zerschnitt alles, was sich ihm in den Weg stellte. Vermummt stand Hanna neben dem Kreosotbad. Die einäugige Hoffnung hinter Hannas Stirn schien in einen todesähnlichen Schlaf gefallen zu sein. Deutsche Soldaten, Kriegsgefangene, schnitten an der Kreissäge Bahnschwellen zu. Das Sägemesser fraß sich in das Holz wie Frau Bittermanns Schere in das Leinen. Hanna spürte das Fischbein ihres Büstenhalters unter den Kleiderschichten. Stabilität und Halt gebe das Fischbein, hatte damals Frau Bittermann gesagt. Hanna suchte diesen Halt. Sobald sie ihn verspürte, wachte die verkrüppelte Hoffnung auf. Das etwa drei mal drei Meter große Kreosotbad war drei Meter tief. Entlang des Bodens liefen beheizte Rohre. Die frisch geschnittenen Bahnschwellen wurden in das mit Kreosot gefüllte Becken, an dessen Seiten sich Schienen befanden, geworfen, um das Holz widerstandsfähig zu machen. Nach zehn Stunden wurden die Hölzer mit langen Zangen gefasst und auf den Schienen herausgezogen. Hanna stand auf einer Seite. Ihr gegenüber ein fremdes Mädchen. Das Mädchen war neu zu dieser Arbeit zugeteilt worden. Und wusste nichts von der Gefahr der betäubenden Kreosotdämpfe. Dämpfe, die den Geist vernebelten, Hirngespinste entstehen ließen. Die einäugige Hoffnung hinter Hannas Stirn erwachte und brachte Hanna zurück in die Wirklichkeit.

Hanna beugt sich tief hinunter zum Becken, um die Bahnschwellen mit der Zange fassen zu können. Sie blickt kurz auf. Ihr Gegenüber ist verschwunden. Auf dem heißen Teerbad sieht Hanna Haare, lange Haare, ein Stück Zopf. Das Fettauge in der Suppe fällt ihr ein. Sie spürt die Hand ihrer Mutter im eigenen Haar. Hanna läuft auf die andere Seite. Sie packt das Zopfstück und fängt an zu schreien. Die Soldaten von der Kreissäge kommen gelaufen, packen Hanna und reißen sie hoch. Erst dann bemerken sie Hannas Partnerin, die diese noch immer an den Haaren hält. Die Kleider werden ihr vom Leib gerissen. Hanna sieht Fleisch, rohes Fleisch und spürt den Geruch des verbrannten Fleisches. Obszöne Brandwunden bieten sich dem Betrachter an.

Die Verletzte wird ins Krankenhaus gebracht. Besuche sind verboten. Hanna hat in ihrem Koffer einen von Frau Bittermann geschenkten Büstenhalter. Der blassrosa Grund ist mit dunkelrosa Blüten übersät. Die Blüten erinnern an einen anbrechenden Sommertag. Das Fischbein wird der Brust den gewünschten Halt geben. Und eine Frau begehrenswert machen und andere Mängel vergessen lassen. Der Büstenhalter ist aus feinstem Batist, und hoffentlich wird die Brust der russischen Krankenhausaufseherin das zarte Gewebe nicht platzen lassen. Sein Anblick hat Begehrlichkeiten bei der jungen Russin geweckt. Sie denkt an den Wachsoldaten Grischa. Hanna holt den Büstenhalter aus dem Koffer und streckt ihn der Russin entgegen. Die Finger der derben Hände greifen gierig danach. Frau Bittermann hat noch drei kleine goldene Kronen seitlich des linken Körbchens aufgenäht. Die Russin führt Hanna ins Krankenzimmer.

Die Verletzte liegt in einem kleinen Raum, in dem nur ein Eisenbett steht. Sie ist nackt. Quer über dem Bett ist eine Holzkiste angebracht, an der fünf elektrische Birnen hängen, die Wärme spenden. Beim Anblick ihrer ehemaligen Arbeitsgenossin droht die einäugige Hoffnung hinter Hannas Stirn sich aus dem Staub zu machen. Hanna denkt: Diese Frau wird das Krankenbett nicht lebend verlassen. Doch dann schlägt die Frau die Augen auf. Hanna findet in ihnen Halt und Standfestigkeit.

Ich werde wiederkommen, sagt Hanna. Morgen und übermorgen und jeden Tag. Die Augen der Verletzten sagen ja. Die Nacht ist erklart. Die Sterne suchen vergebens nach einem Versteck hinter Wolken. Hannas Magen knurrt. Hanna denkt: Diese Sterne scheinen auch auf den Kirchturm in meiner weiten Stadt. Hinter Hannas Stirn erwacht die einäugige Hoffnung zum Leben.

Andrea Gerster
Lob von Arno

Schönes Bild, sagte Arno, und ich hätte mich über sein Lob einfach freuen können, aber das ging nicht, denn er saß an meinem Laptop, und eigentlich war vorgesehen, dass er einen Text von mir las. Es machte mich immer nervös, wenn jemand einen Text von mir las und ich dabei untätig zusehen musste, und ich fragte mich, warum ich ihm einen Text zu lesen gab, wenn es mich doch beunruhigte, aber die Frage, warum Arno von einem schönen Bild sprach, wo doch da kein Bild, sondern ein Text sein sollte, war mir im Augenblick wichtiger.

Der Kellner brachte Wein für mich und für Arno einen Espresso. Ich liebte diese Stadt mit ihren vielen Cafés, und wenn man draußen sitzen konnte wie jetzt, dann sowieso.

Schönes Bild, wiederholte Arno, und ich ahnte, dass mir die Sonne heute nicht gut tun würde und sagte: Darf ich mal? Ich zog den Laptop zu mir herüber und streifte dabei Arnos Hand mit meiner. Gestern im Theater hatte er sich mit seiner Schulter an meine angelehnt, obwohl das von den Platzverhältnissen her gesehen überhaupt nicht nötig gewesen wäre. Dieses An-meine-Schulter-Lehnen nahm er jetzt wieder auf, und gemeinsam schauten wir auf den Bildschirm, und ich sah, was er gesehen hatte und sagte: Mein Mann, meine 17-jährige Tochter und die Freundin meiner Tochter, letzten Frühling auf Chios. Was soll daran schön sein?

Die Stimmung, antwortete er und sah mich prüfend an.

Ich schloss das Bild, das meinen Mann zeigte, dessen Pranken über die Mädchenschultern hingen, und meine Erinnerung daran schloss ich auch und öffnete die Datei »Tiere« und fragte mich, woher das Bild gekommen war, das gehörte doch ins Fotoarchiv.

Das wäre eine Geschichte für die Tusse von diesem Tussenheft, dachte ich. Ein Interview lang war es der Journalistin um meine Verknotungen gegangen und den seltsamen Umstand, dass ich doch drei Jahre zuvor einen Roman geschrieben hatte, in dem die Hauptperson an Brustkrebs erkrankt war. Kann man das Schicksal herbeischreiben?, hatte die Journalistin gefragt. Ich glaube an den Zufall, antwortete ich. Sie brauche noch ein peinliches Erlebnis von mir, sagte sie dann, und ich versprach, ihr eines mitzuteilen, wenn mir denn eines einfallen würde.

Arno schien zu warten.

Interessiert dich denn der Text?, fragte ich und hoffte, dass er nein sagte. Ich meine, du musst das nicht lesen, zumal es mühsam ist, hier an der Sonne.

Ich möchte ihn gern lesen, lächelte Arno.

Ich rückte ab von ihm, und er platzierte, immer noch lächelnd, den Laptop vor sich. Mittlerweile waren die Tische um uns herum alle besetzt. Es war laut geworden.

Arno schwitzte.

Ich fahre sonst nie Fahrrad, sagte er, als ob er meinen Blick bemerkt hätte.

Und warum jetzt?, fragte ich.

Einen sportlichen Eindruck machen, antwortete er.

Er wollte mich beeindrucken! Das hob meine Stimmung. Nach dem Burgtheater gestern hatte er mir von sich erzählt. Ich hatte ihn nicht danach gefragt. Arnos Ehe war am Ende. Logisch. Wessen Ehe war das nicht?

Angestrengt starrte er auf den Bildschirm.

Wo bist du?, fragte ich.

Auf der zweiten Seite.

Soll ich die Schrift vergrößern?

Warum?, fragte er fast ungeduldig.

Wer in der Großstadt Fahrrad fährt, um einen sportlichen Eindruck zu machen, verzichtet auch auf eine Lesebrille, dachte ich und setzte meine Sonnenbrille auf. Eine Mädchengruppe am Nebentisch brach in Gelächter aus. Keine Ahnung warum. Um die siebzehn waren die. Du kannst nicht immer siebzehn sein. Ein selten blöder Schlagertext. Niemand wollte immer siebzehn sein. Musste er so langsam lesen? Musste die Sonne so herunterbrennen? Er war ja nett, und er versuchte mir näher zu kommen, indem er viel redete, aus demselben Grund las er wohl auch meinen Text. Dass er das Foto angeklickt hatte, war ein Zeichen gewesen. Ich sollte mich mit der Vergangenheit beschäftigen, mit einer Gegenwart, die mir damals unerträglich geworden war, aus der ich mit einer beschissenen Krankheit weggegangen war, einer Krankheit, die mich noch mehr verknotet hatte, als ich so schon war. Und jetzt plötzlich dieses Bild, das lachende Trio – und seine Pranken.

Ich sehne mich nach einer Beziehung. Das war gestern so glatt über Arnos Lippen gekommen, wie nicht zum ersten Mal, wie ein Dialog zwischen Patient und Therapeutin, und er wusste nichts von meinen Verknotungen. Es war nicht gut, dass er nichts wusste, besser, er wäre vorbereitet, die Zeit, die er bräuchte, wenn er nicht vorbereitet wäre, würde ich nicht aushalten.

Er scrollte schon wieder. Der Text hatte aber nur zwei Seiten.

Die Tusse vom Tussenmagazin hatte mich noch nach Lieblingsfarbe und Lieblingsrestaurant gefragt. Zusammen mit dem peinlichen Erlebnis sollten die Leserinnen da abgeholt werden, wo sie gerade standen. Was auch immer mit dieser Abholerei gemeint war, die doch in letzter Zeit immer häufiger bemüht wurde, wenn es darum ging, unsinnige Anliegen zu verkaufen. Ich könnte hier in der Stadt ein Büro für unsinnige Anliegen eröffnen. Ich musste mich sowieso neu erfinden. Warum nicht gleich hier?

Peinlich war, die Pranke meines Gatten auf dem Hintern der 17-Jährigen zu entdecken. Nicht im Traum, sondern auf Chios. Aber das würde die Journalistin wohl nicht gelten lassen. Die wollte bestimmt eine lustige Peinlichkeit. Nach der Buchpräsentation vor drei Jahren war man Essen gegangen, lauter nette Leute, die mich mit wohlwollenden Blicken bedachten, wichtig wie ich war. Dann verschluckte ich mich mit Spaghetti im Mund am Mineralwasser, musste husten und dann niesen, und dann hing mir eine Spaghetti aus der Nase. Aller Augen ruhten auf mir. Geht nicht, weil eklig.

Arno zupfte an der Haut seines Halses.

Einen höchstmöglichen Lustgewinn wollte ich aus dieser Begegnung herausschlagen, damit die Pranke in weite Ferne rückte. Dabei war er es gewesen, der an meinem Bett saß, er, der Vater meiner Tochter, mein Mann und mein bester Freund. Er hielt mir die Schüssel hin, wenn ich erbrach, legte mir einen nassen Waschlappen auf die Stirn, hielt meine Hand, drehte nie durch, sagte immer, wir schaffen das, reichte mir Taschentücher, wenn ich weinte, kaufte ein, putzte, hielt unser Leben zusammen, war jederzeit für mich da. Kaum ging es mir einigermaßen, tauchte in meinem Kopf die fehlplatzierte Pranke wieder auf.

Das Buch, das ich vor meinen Verknotungen geschrieben hatte, verkaufte sich sehr gut. Mehrere Auflagen. Im Roman starb die Frau, sie nahm sich das Leben. Ich beschrieb sehr genau, wie sie sich erhängte. Dazu kaufte ich einen Strick, ging in die Garage, befestigte ihn. Ich stieg auf einen Stuhl und legte mir den Strick um den Hals. Seinen entsetzten Blick werde ich nie vergessen, er hatte sein Angelzeug holen wollen. Erst als er die Episode im gedruckten Buch nachlesen konnte, war er restlos überzeugt davon, dass ich nur recherchiert hatte.

Angehörige von Schreibenden haben es nicht immer einfach, sagte ich, und Arno drehte seinen Kopf zu mir. Seine Wangen waren rot, wahrscheinlich von der Sonne.

Nachdem ich die Diagnose hatte, dachte ich keinen Moment daran, mir das Leben zu nehmen. Ans Sterben schon. Die Verknotungen zogen sich durch das ganze Buch hindurch und seit letztem Sommer auch durch mein Leben. Der Lektor hatte gemeint, dass Frauen sich für gewöhnlich nicht erhängten. Aber das musste sein.

Ich wollte diesen Mann, der da neben mir im Café saß und in so kindlichem Eifer mit den Augen am Bildschirm klebte. Ich wollte diesen Orgasmus, er stand mir zu, es war Monate her, niemals zuvor war es Monate her gewesen, immer war er da gewesen. Und dann die starke Hand am falschen Ort, wo sie zur Pranke wurde, danach die Krankheit, die Verknotungen, die vielleicht schon lange vorher da gewesen waren.

Ich trug Spitzenunterwäsche. Den BH würde ich nicht ablegen, meine Brüste spielten keine Rolle mehr, das würde mir fehlen, es würde anders sein, aber es war ja auch ein anderer Mann, andere Hände. Ich zog Arno in Gedanken aus. Die Vorstellung reizte mich nicht. Ich glaubte nicht, dass ich so viel Alkohol vertragen würde, wie es brauchte, um mich allmählich in Stimmung zu trinken.

Schreiben kannst du, sagte Arno, er lehnte sich zurück, verschränkte die Hände hinter dem Kopf, blickte auf den Verkehr, sagte nichts mehr. Er hatte nun auch rote Flecken am Hals, wahrscheinlich vom Zupfen.

Den Text kannst du jetzt bestimmt auswendig, sagte ich, und bestellte noch einen Wein. Der Kellner wäre auch nicht schlecht, dachte ich, sexueller Notstand, Triebabfuhr, ich rülpste, Arno blickte mich an, oh, Tschuldigung, sagte ich, und legte kokett die Hand auf meinen Mund. Meine Ehe ist am Ende, dachte ich, ich bin am Ende, es kann also nur aufwärts gehen, wie schön, irgendwo ankommen, wo man niemals hinwollte und sich dann vormachen, es könne nur noch aufwärts gehen. Warum konnte ich den Pranken nicht verzeihen? An denen hing doch ein ganzer Mensch, der fast sein ganzes Leben mit mir verbracht hatte.

Der Kellner brachte den Wein, ich schob das Glas weg.

Arno nahm es, trank und sagte: Du schreibst sehr gut.

Aber?, fragte ich.

Ich versuchte mich an seine Schulter zu lehnen, doch er wich aus.

Da ist eine Direktheit, die mich frappiert, oder vielleicht wäre verletzt der passendere Ausdruck, sagte er.

Das war nur so ein Versuch, über Tiere zu schreiben, sagte ich.

Arno machte eine derart schnelle Bewegung, dass ich für einen Moment befürchtete, er würde sich auf mich stürzen, aber er stand nur auf, packte gleichzeitig seine Jacke und sagte mit nun hochrotem Kopf: Du schreibst über uns, und ich komme da verdammt schlecht weg, und dann nennst du das auch noch »einen Versuch, über Tiere zu schreiben«?

Ohne abzusetzen trank ich den Rest des Weins, fuhr mit dem Handrücken über meinen Mund, lehnte mich zurück, hielt das Gesicht in die Sonne und konnte nicht einmal sagen, in welche Richtung Arno weggegangen war.

Annegret Glock

Fingerzeig

Wie? Du kannst die Kaffeekanne nicht mehr richtig halten? Dann musst du es eben mit der linken Hand versuchen! Mach dich mal nicht zum Affen und erzähl mir jetzt nicht, der Kaffee würde so nicht schmecken! Als ob das wichtig wär! Es ist ein Glück, dass der Arzt deinen Arm eingegipst hat! Wieso hätte eine Daumenschiene auch gereicht? Hat er das gesagt? Glaub ich nicht. Find dich eben damit ab und freu dich! Wirst bald merken, dass dir überhaupt nichts Besseres passieren konnte!

Mit dem Fahrrad? Bei dem Wetter? Und dann noch einarmig? Sei froh, dass das nicht geht! Würdest dir nur eine Erkältung holen. Nein, ich war nicht an der Tankstelle! Wieso, wieso! Weil es Geld kostet! Zwei Blocks weiter ist die Straßenbahnhaltestelle. Also, was soll's! Mich hat noch nie einer kontrolliert. Klar kannst du es darauf ankommen lassen! Mit dem Gipsarm sowieso! Todsicher! Glaubst du etwa, ein Kontrolleur hat die Geduld, so lang zu warten, bis du umständlich sämtliche Jacken- und Hosentaschen nach einem Fahrschein durchsucht hast? Da hat der vorher Mitleid! Und ob das bequemer ist! Überfüllt? Invaliden haben das Recht auf einen Sitzplatz! Klar bist du mit dem Gipsarm Invalidin! Ich an deiner Stelle wär wirklich froh!

Die Arge? Wieso sollten die ausgerechnet jetzt etwas für dich finden? Sag mal, tust du nur so, oder bist du wirklich so blöd? Sobald die deine Krankmeldung in den Fingern halten, sehen die, dass du in den nächsten Monaten nicht vermittelbar sein wirst. Wieso nicht so lang? Wenn's sein muss, helf ich ein wenig nach, dass der Bruch nicht so schnell verheilt. Was heißt da unnötige Schmerzen! Dafür kannst du schließlich wochenlang zu Hause bleiben! Andere müssen dafür wertvolle Urlaubstage opfern!

Geh du doch mal! Siehst doch, dass ich noch im Pyjama bin! Nein, warte, ich kann ihn sehen! Ich glaub, das ist der Meketzer. Das kannst du dir doch denken. Na, wegen der Mietrückstände. Klar weißt du das! Sein Pech. Soll er doch. Die Wirnsbachers aus dem vierten Stock konnten sogar noch über ein halbes Jahr in der Wohnung bleiben, bis die Räumungsklage durch war. Ja und? Bis dahin haben wir längst Sommer. Außerdem müssten die vom Amt erst eine geeignete Wohnung für uns finden. Niemand darf einfach auf die Straße gesetzt oder in ein Wohnheim eingewiesen werden. Das haben die vom Mieterschutzbund dem Wirnsbacher damals so gesagt. Etwas weiter außerhalb wär mir sowieso lieber. Erdgeschoss oder Hochparterre, am besten mit Balkon oder Terrasse oder so. Dann hätte sich das Gassi gehen mit Bosko erledigt. Wir bräuchten nur die Tür zu öffnen und ihn rauszulassen. Und ob der allein zurückfinden würde. Wetten? Eine Flasche Gin und eine Stange Zigaretten. Okay, dann eben Kaffeelikör für dich. Jetzt steckt er was in den Briefkasten. Nein, er geht wieder. Nun tu bloß nicht so, als ob das schlimm wär! Seit wir hier wohnen, jammerst du, dass dir die Wohnung zu laut und zu düster ist. Freu dich doch, wenn er Ernst macht!

Was ist dabei, wenn die Fechinger ihr Haus nun selbst putzen muss? Die dreckigen Häuser anderer Leute sind nicht unser Problem! Ich dachte, du hättest sie längst informiert! Na und? Soll sie sich doch eine Ersatzputze suchen. Meine Güte! Du willst doch wohl nicht diesem miesen unterbezahlten Job nachtrauern, nur weil dir die Fechinger ab und an ihre ausrangierten Kleiderfetzen aufdrängt. Designermodelle hin oder her. Bei anderen Leuten landen solche Almosen im Altkleidersack. Das tragen höchstens noch die Neger in Afrika auf. Von wegen großzügig! Wenn sie dir zehn Euro mehr für die Stunde bezahlt hätte, das wär großzügig gewesen! Von wegen Tarif! Pure Augenwischerei! Sei froh, dass mir das endlich aufgefallen ist! Wenn wir erst mal eine andere Wohnung haben, wirst du dir sowieso einen neuen Haushalt dort in der Nähe suchen müssen! Passt doch also alles bestens!

Kevin wird den Brief vom Meketzer schon mit nach oben bringen, wenn er kommt. Keine Ahnung. Lang kann es nicht mehr dauern. Nein, Döner von Yilmaz. Weil ich deine ewige Nudelpampe nicht mehr sehen und nicht mehr riechen kann! Außerdem könntest du mit dem gebrochenen Arm sowieso nichts kochen, oder? Freu dich doch, nichts tun zu müssen! Ist überhaupt noch Bier im Kühlschrank? Dann muss er gleich in der Trinkbude welches holen. Seit wann schreiben die nichts mehr für uns an? Dann eben bei Bertie am Fruchtschuppen. Bei mir schon, und wenn ich denen sage, dass du den Arm eingegipst hast, dann – Mensch, was red ich da! Das ist die Idee! Wir werden nachher beide zusammen zur Trinkbude gehen! Das gibt die absolute Gaudi! Erst lässt du alle, die da sind, auf dem Gips unterschreiben, dann gibt dir jeder einen aus, und ich helfe dir beim Leertrinken! Zur Not können wir danach immer noch zu Bertie gehen und dort anschreiben lassen. Kapierst du jetzt endlich, was für ein Glück du hast?

Der Meketzer kann es wohl nicht schon wieder sein. Hat Kevin seinen Schlüssel vergessen? Na, die haben mir gerade noch gefehlt! Mist, jetzt hat mich der Eine gesehen! Jaja, ich mach ja schon auf! Diese idiotische Vase aber auch! Ich hab die nicht auf den Fenstersims gestellt. Wer sonst? Egal. Mir hat sie noch nie gefallen. Ich glaub, mich tritt ein Elch! Keine Ahnung! Was meinst du? Ist das alles echt? Weiß ich doch nicht, wer das Zeugs da reingesteckt hat! Kapierst du das? Mensch, ich glaub, wir sind reich! Psst, hör endlich auf zu kreischen, ich kann sonst nicht hören, was die da unten wollen! Nein, wir sind krank! Durchsuchungsbefehl? Wieso das denn? Nein, der ist noch in der Schule. Jaja, ich mach ja gleich auf. Los, Kitti, wir müssen die Klunker verschwinden lassen! Die werden gleich oben sein. Weiß ich doch nicht. Schnell jetzt! Frag nicht, halt einfach mal den Gipsarm hoch und streck die Finger gerade! Gott, für was der alles gut ist! Psst, still! Stell dich nicht so an und beiß die Zähne zusammen! So, und jetzt wieder die Schlinge drüber. Ruhig, Bosko! Ja, die Tür ist offen. Der hat noch niemanden gebissen. Hat nur was gegen Uniformen. Kevins Zimmer? Hier, die rechte Tür. Nach was sucht ihr überhaupt? Wenn's denn sein muss. Gestern? Keine Ahnung. Nein, am Abend war der hier. Die ganze Zeit. Ja. Stimmt's, Kitti? Ich sagte doch, wir sind krank! Meine Güte, nun stellt uns doch nicht die gesamte Wohnung auf den Kopf! Wer soll das nachher wieder in Ordnung bringen? Ihr seht doch, dass meine Frau den Arm im Gips hat. Ein bisschen vorsichtiger bitte! Nein, das war ich selbst. Ist vorhin runtergefallen, als ich das Fenster geöffnet habe. Nicht weinen, Kitti, pssst! Komm mit, komm mit mir in die Küche! Psst! Stell dir vor, die haben sogar im Wasserkasten von der Toilette nachgeschaut, und im Abluftschacht. Nicht so laut! Nein, die werden dich nicht durchsuchen oder abtasten. Weder dich noch mich. Hör endlich auf mit der Panikmache! Warte! Ich schau mal nach – ja, ich glaube, die sind fertig jetzt.

Hab doch gleich gesagt, dass ihr bei uns nichts finden werdet. Keine Ahnung. Na, wenn er denn mal hier ist. Bosko! Still! Wirst du wohl! Sitz! Und tschüss.

Mistbullen, elende!

Psst, warte wenigstens, bis die Tür unten zufällt! Mannomann, das war knapp. Aber ein geiler Kick, was? Wie zehnmal hintereinander Achterbahn fahren. Um ein Haar hättest du wegen deiner Angst alles verdorben! Nein, und es ist absolut nicht mein Problem, wenn du das alles anders siehst. Nein, meine Brust hat sich noch nie angefühlt, als ob sie mit Blei ausgegossen wäre. Versuch mir nicht einzureden, das sei normal! So, jetzt halt den Arm nach unten! Seit wann bist du so wehleidig? Ich habe nichts von Schütteln gesagt! Nur pendeln! Pendeln lassen! Siehst du, schon liegt uns das Gold zu Füßen. Ist schon ein Teufelsjunge, der Kevin, was? Alles mit siebenhundertfünfzig und fünffünfundachtzig gestempelt. Bist du jetzt nicht glücklich? Aber ich! Was heißt da, du willst das nicht? Das bekommst du auch nicht! Da kennst du deinen Sohn aber schlecht! Bis heut Abend hat der das alles vertickt. Ach was, denen tut das bestimmt nicht weh. Leute, die sich teuren Schmuck leisten können, sind versichert. Kitti! Kapierst du nicht? Dafür kauft Kevin locker einen neuen Plasmafernseher für uns! Einen, der so groß ist wie eine halbe Kinoleinwand! Davon träumen wir doch schon ewig. Und sicher ist noch eine Spielkonsole drin. Mensch, das ist wie Weihnachten hoch zehn. Und du kannst dir mal wieder eine richtig schnieke Frisur machen lassen, mit neuer Farbe und die Nägel auch gleich, vielleicht ist auch noch eine Zehnerkarte fürs Solarium drin. Na klar werd ich ihn zur Rede stellen. Ja und? Verlang aber nicht von ihm, dass er das Zeugs wieder zurückträgt! Was kümmern die uns? Wir kennen die doch gar nicht. Dann haben sie eben Pech gehabt und wir dafür Glück. Jedem fällt mal etwas in den Schoß. Genieß es doch, auf der Gewinnerseite zu sein!

Was du dir immer für einen Firlefanz zusammenreimst! Bäume, die ihre Zeigefinger wie zur Ermahnung in die Höhe strecken! Hast du das aus Grimms Märchen? Ich seh nur Kiefern da draußen, und die haben bekanntlich keine Zeigefinger, sondern Zweige, die natürlicherweise in die Höhe wachsen. So. Punkt! Und wenn du es unbedingt anders sehen willst und es unbedingt Finger sein müssen, dann sind das garantiert keine Zeigefinger, sondern Stinkefinger, die sie in die Höhe recken! Haha, das ist wirklich zum Totlachen!

Birgit Hofmann

Doppelrosa, Endstation

Lange habe ich nicht wahrhaben wollen, wie haltlos optimistisch meine Eltern sind. Es wurde mir erst bewusst, als sie anfingen, sich über die Vor- und Nachteile von Gehirnoperationen zu unterhalten. Ich langweilte mich und ging raus auf den Flur. An jeder Tür hing ein Tier aus buntem Holz, bei meinem Vater ein Schwein in Doppelrosa, Gott weiß warum. Ich starrte so lange auf einen Punkt, bis es weh tat und ein Junge auftauchte. Er schob einen Essenswagen. Auch er glotzte mich unverhohlen an. Seit einiger Zeit hatte ich riesige Brüste. Außerdem stand ich direkt unter dem Schwein.

»Besuch bei Opa?«, fragte er.

»Vater«, sagte ich.

Denn wenngleich mein Vater momentan zugegeben eher wie mein eigener Opa aussah, so war er doch immer noch mein Vater. Und besonders alt war er auch nicht.

Ich begleitete den Jungen auf seinem Gang zum Speisesaal, an dem »Speisesaal« stand, in dicken, bunten Buchstaben. Sascha, so hieß er, verteilte Besteck auf den Tischen.

»Besteck verteilen gehört eigentlich gar nicht zu meinen Aufgaben«, sagte er. Ob er lieber Popos abwischen würde, fragte ich, dem Wort »Popo« einen lasziven Unterton verleihend. Eine Frau im Rollstuhl rollte in die Nähe der Tür. Sie murmelte, kaum hörbar: »Leute, kauft Hüte, es kommen schlechtere Zeiten.«

Ich schaute Sascha an, er war jetzt fast fertig mit dem Decken: Messer rechts, Gabel links, und den Löffel in der Mitte oben. Bei uns zuhause war selten, und – wenn überhaupt – nachlässig der Tisch gedeckt worden. Mein Vater hatte bereits mehrmals gesagt, die »Essensrituale hier« seien für ihn »eine bereichernde Erfahrung«.

Sascha war fertig und schaute mich wieder intensiv an. Ich schaute zurück, und erst jetzt bemerkte ich, dass er gar nicht hübsch war. Sondern leicht untersetzt. Es machte mir aber nichts aus, oder zumindest nicht viel, denn ich fand, dass ich im Gegensatz dazu sehr gut aussah, und dass er ja noch abnehmen könne, irgendwann.

Die Frau im Rollstuhl hatte uns beobachtet. Sie fragte jetzt, etwas lauter: »Gibt's schon zu Abend?«, und Sascha erwiderte: »Nicht für Sie!«

Daraufhin zog sie sich zurück wie jemand, der einen Schlag auf den Kopf bekommen hat. Ihr Anblick erinnerte mich an den meines Wellensittichs, als er in vollem Flug gegen den Kleiderschrank gedonnert war. Mein erstes und einziges Haustier hatte die restliche Zeit seines kurzen Lebens damit verbracht, wirr durch die Gegend zu taumeln, was meine Eltern nicht daran hinderte zu behaupten, es gehe dem Vogel in der beschränkten Kenntnis seiner Schädigung »sicher wunderbar«.

Ich stellte mich an einen der Tische, schob meine Hüfte unter dem Rock nach vorne und fuhr mir mit der Zungenspitze über die Lippen, wie ich es ähnlich mal in einem Pornofilm gesehen hatte. Meine Mutter verbot mir zwar, nachts fernzusehen, aber sie ging mit ihrem neuen Freund oft aus – und ich hatte mich noch nie freiwillig an Verbote gehalten. Sascha verstand sofort und sagte, er wolle etwas zu trinken für uns besorgen.

Zwischendurch sah ich bei meinen Eltern nach dem Rechten. Sie bemerkten kaum, dass ich ins Zimmer kam, so versunken waren sie in ein Gespräch über »positives Denken«. Meine Mutter saß nahe am Bett meines Vaters. Sie trug immer zu dünne und zu kurze Kleider, aber ich musste zugeben, dass sie in dieser Situation eine ziemlich gute Figur machte. Das Fenster war geöffnet. Draußen leuchteten die Bäume richtig satt und grün. Mein Vater saß aufrecht und strahlte wie immer Zuversicht aus. Sogar als meine Mutter und ich ihn damals verlassen und seine Lieblingsmöbel mitgenommen hatten, hatte er noch warme und verbindliche Abschiedsworte für uns gefunden. Jetzt klebte ihm das Haar am Kopf. Er musste geschwitzt haben, sehr geschwitzt. Aus seiner Hand hingen verschiedene Kanülen und Schläuche. Auch in seiner Nase steckte ein langer, dünner Schlauch. »Dann kriege ich endlich wieder Luft«, hatte er gestern zu mir gesagt und mir zugezwinkert.

Meine Eltern lächelten mich an. Ein Jammer, dass sie geschieden sind, dachte ich. Ich fragte, ob ich etwas für sie tun könne, aber sie schüttelten beide, beinahe synchron, den Kopf. Als ich raus ging, klackte das doppelrosa Schweinchen gegen die Tür.

Ich setzte mich vor den Vogelkäfig im Foyer, zu einigen hustenden und wirklich krank aussehenden alten Herren, um auf Sascha und den weiteren Verlauf des Abends zu warten. Dabei kam ich nicht umhin, dem Gespräch der drei zu folgen. Einer nuschelte etwas wie »trotz aller Enttäuschung«. Die beiden anderen alten Männer schwiegen, wobei der eine mich, der andere seine Finger anguckte. Vermutlich handelte es sich um die übliche Rollenverteilung der drei. Mir blieb der Bezug zum riesigen Käfig vor uns, auf den der Mann bei seinen Ausführungen deutete, unklar. Dort hüpften Vögel aller Größen und Farben unruhig herum, die wohl noch nicht begriffen hatten, dass das hier ihre Endstation sein würde. Ich schaute die Vögel an und fächerte mir Luft zu, als Sascha um die Ecke bog.

Das Schwesternzimmer war leer. Und das, obwohl meine Mutter vorhin erneut behauptet hatte, der »Service hier« sei »phänomenal« – mein Vater habe es »nicht besser treffen können.«

In einer der Schubladen, unter einer altmodischen Schwesterntracht, fanden wir, wie Sascha vermutet hatte, eine Whiskyflasche. Was mich zu der Annahme verleitete, dass die Schwestern sich öfter heimlich einen »hinter die Binde gossen«, wie meine Eltern das beide genannt – und früher auch getan – hatten. Als Kind hatte ich ihre dabei an den Tag gelegte Fröhlichkeit, wie auch ihre legere Einstellung zu regelmäßigen gemeinsamen Mahlzeiten, nicht gerade zu schätzen gewusst. Dass selbst Krankenschwestern so drauf waren, beunruhigte mich. Ich stellte mir vor, wie die Schwestern sich betrunken um die Patienten kümmerten, lachend und kichernd Blut abnahmen und mit großer Geste und winkend die Gestorbenen auf fahrbaren Bahren hinaus kutschierten. Sascha sagte, das sei alles ganz anders.

»Wie ist es denn dann so«, fragte ich, »so mit den Toten.«

Aber Sascha ging nicht darauf ein.

Wir tranken Whisky aus der Flasche und mir fiel auf, dass Sascha ziemlich nette Arme hatte, mit Dschungelhaaren drauf, was ich ihm sagte. Er lachte jetzt zum ersten Mal und rückte näher und war schon beinahe dabei, mich zu küssen. Das ging mir aber zu schnell, das fand ich irgendwie belanglos, also nahm ich den Kittel und die Haube und sagte: »Los, zieh an.« Sascha wehrte ab, aber ich ließ nicht locker. Meine Eltern hatten mir beigebracht, dass man hinsichtlich dessen, was man erreichen möchte, immer optimistisch bleiben muss: Dann klappt alles schon irgendwann. Im Flur war es still. Nur ganz in der Ferne waren Geräusche zu hören, die mich an das Scharren von Tieren erinnerten, an das leise Kratzen von Vogelkrallen im Sand.

Später, als wir ziemlich betrunken waren, zog Sascha tatsächlich seine Jeans aus. Und dann sein T-Shirt. Und er streifte den Kittel über und knöpfte ihn über seiner etwas dicklichen Brust zu. Ich konnte ihn auch dazu überreden, vor mir auf und ab zu laufen, ich sagte ihm, er müsse streng schauen dabei und mir das Fieber messen. Dann streifte ich die Schwesterntracht über, ich zog mich darunter aus und war plötzlich fast nervös, als Sascha, während er meine Brüste unter dem Kittel berührte, sagte, sie seien sehr schön. Seine Zunge schmeckte wie eine tiefe Traurigkeit, an die zu denken mir meine Eltern von jeher auszutreiben versucht hatten. Sascha drängte sich dicht an mich. Ich fühlte hinter meinem weißen Kittel seinen Penis, der wuchs und wuchs und sehr hart war, und ich musste einen Moment lang an den Tumor meines Vaters denken.

Das Kratzen oder Scharren hatte aufgehört. Es war nun ganz still, nur Saschas und mein Atmen waren zu hören. Einmal kamen Schritte näher, und ich stellte mir vor, eine richtige Schwester würde gleich das Zimmer betreten, mit heilender Aura und heilender Hand. Aber dann wurden die Schritte leiser und verschwanden ganz.

Sascha und ich lagen jetzt auf den blendend weißen Kacheln, und ich fragte mich kurz, ob ich nicht vielleicht etwas jung »dafür« war, und was meine Eltern dazu sagen würden. Aber sie waren ja selbst nie »Kinder von Traurigkeit« gewesen, wie sie es nannten, und deswegen, so dachte ich, würden sie vermutlich mal wieder gar nichts dazu sagen, oder höchstens etwas wie, dass jeder Mensch seinen eigenen Weg gehen müsse. Es tat dann auch kaum weh, ja, ich bemerkte das eigentliche Ereignis fast gar nicht, und weil ich Sascha und sein Geschlechtsteil so wenig spürte, fühlte ich mich beinahe ein wenig einsam. Irgendwann seufzte Sascha, es war wohl Erleichterung, und er rollte von mir runter. Wir lagen dann noch herum, und als ich aufstand, tropfte es aus mir heraus, und ich schämte mich, dass wir hier so eine Sauerei machten. Meine Eltern fielen mir ein.

Das Schweinchen leuchtete sogar im kargen Flurlicht in doppeltem Rosa. Meine Mutter musste auf dem Stuhl vor dem Bett eingenickt sein. Als ich näher kam, schrak sie hoch. Sie hatte sich aber augenblicklich wieder im Griff, »es geht aufwärts«, flüsterte sie. Ich spürte das Sperma unter meinem Rock festtrocknen.

Mein Vater lag still da, mit offenem Mund. Sein Gesicht war so mager, dass es einem Skelett glich. Über ihm blubberte die Maschine Luft. Dass er schlief, ersparte uns einen vielleicht unerfreulichen Abschied.

Wir verabschiedeten uns ja nicht zum ersten Mal von ihm, und dass wir »alle« das damals, als meine Mutter und ich aus dem Haus ausgezogen waren, doch »toll hingekriegt« hatten, glaubte höchstens meine Mutter selbst. Ich hingegen wusste, dass mein Vater, als meine Mutter und ich zum Möbelwagen gelaufen waren, den Mamas neuer Freund fuhr, dass, als Mama in ihren knappen Shorts und den hohen Schuhen auf den Möbelwagen zustöckelte und ihr neuer Freund mehrmals hupte, Papa plötzlich haltlos in Tränen ausgebrochen war. Ich wusste es, weil ich mich, an der Hand meiner Mutter, noch einmal zu ihm umgedreht hatte. Später stellte ich mir vor, dass es ebendieser Moment gewesen war, als Vaters Tumor im Kopf zu wachsen begonnen hatte.

Diesmal drehten wir uns beide nicht um. Wir schlossen vorsichtig die Tür, gegen die das doppelrosa Schweinchen von außen leise klackte. Im Foyer glaubte ich Sascha irgendwo weit hinter dem Vogelkäfig stehen zu sehen, doch vielleicht hatte ich mich geirrt. Ich hatte ihn noch fragen wollen, ob das zwischen uns ein Anfang war, oder eher schon Anfang und Ende in einem. Die Vögel tschilpten verhalten, als würden sie sich in den Schlaf singen.

Draußen war es noch immer warm. Im Licht sah ich, dass das Haar meiner Mutter grau wurde. Und dass sie langsam lief, stockend, als würde sie träumen.

Birgit Juresa
Tante Liebwina

Tante Lidwina ist tot! – mein Vater am Handy gebärdet sich als Erschütterter! *Mit dem Kopf gegen den Badewannenrand geknallt. Gestolpert oder gestürzt, keiner kann sich's vorstellen.* Torkeln, fallen, hinabstürzen, von einem Abgrund in den nächsttieferen. *Liegt da zwei Tage rum, wer merkt das schon bei einer Alleinstehenden, die niemanden hat.* Andrés roter Pyjama unwirklich verschmolzen mit dem Orange meiner Couch. Abgetaucht – in den Untergrund meines Lebens? Liest er oder lauscht er, schwebt das Buch von Geisterhand? Immer schwärzere Abgründe öffnen ihre Schlünde, hineinstürzen, hindurchfallen in die nächste Bodenlosigkeit. *Splitternackt mitten im rosa Badezimmer. Grauenhafter Anblick! Nur achtundsechzig und nichts hinterlassen, die ganze Erbschaft ihrer Eltern – alles weg, kann sich überhaupt keiner erklären.* Was für ein wahres Gesicht verbirgt sich hinter dem Buch? *Naja, du hast sie ja immer Tante Liebwina genannt!* Dieser ekelhaft süßliche Tonfall der Verwandtschafts-Spottgesänge, gegeneinander, miteinander, am euphorischsten hinter Tante Liebwinas Rücken. *Bist du noch dran? Was sagst du dazu?!* Ein einziger Satz würde genügen. Ich, ausgerechnet ich, werde nicht diejenige sein. Denen Tante Liebwina zum Fraß vorwerfen, zur finalen Genugtuung! Nicht ich. Selbst wenn am Ende … Die sollen, die dürfen nicht Recht bekommen: Über André, über mich, über Tante Liebwina. Und über diesen letzten Besuch vor drei Wochen.

Es war kein Zufallsbesuch gewesen. Es war das jähe Aufwallen einer Sehnsucht nach dem Tante-Liebwina-Nest meiner Kindheit gewesen. Nach jener verstörenden Bemerkung dieser Fremden, die sich wie ein Geschwür in mein Leben hineingefressen hatte, dieser Bemerkung über André, der kürzlich bei mir eingezogen war. Und die erschütternde Erkenntnis, dass ich niemanden hatte, der meine Gefühle, der mich überhaupt verstehen würde. Außer ihr, meiner alten Tante Liebwina, die ich seit den Jahren meines rasanten Erwachsenenlebens nicht mehr besucht hatte. Während der Zugfahrt fiel mir ein, dass ich mich nicht angekündigt hatte. Meine Angst, sie könnte nicht zuhause sein oder sie wäre nicht mehr die, die ich jetzt so dringend brauchte, war glücklicherweise unbegründet.

Da stand sie vor mir in ihrer Wohnungstür: Ihr Gesicht, umrahmt von den Goldwellen ihrer hoch auftoupierten Frisur, eine rosig lächelnde Faltenlandschaft, ihr seliger Singsang: »Mein Gott! Was für eine herrliche Überraschung!« Am liebsten wäre ich in die Knie gegangen, um wie früher in ihrem großen wattierten Busen auf diese wunderbar ausweglose Weise fast zu ersticken – im Duft ihres Rosenparfüms. »Mein Herzchen kommt mich besuchen!«, sie ließ mich, in einer endlosen Verlängerung ihres herzlichsten Lächelns, nicht aus dem Blick ihrer von Tränen schimmernden Augen. In diesem Moment war mir bewusst, dass es keinen Menschen in meinem Leben gab, dem ich derart willkommen war. »Komm herein, komm herein in die gute Stube!«, und ich folgte ihr, ihrem schwingenden rosa Plisseekleid und den klackernden goldenen Hausschuhen ins Wohnzimmer hinüber, wo sie eine Schlagersängerin mitten im gehaltenen Schlusston ausknipste. »Oh je, ich hab ja gar nichts zum Kaffeetrinken da!«, zwitscherte sie wie drei Vögel gleichzeitig. »Ich spring schnell runter zum Bäcker gegenüber und hol Süßes.« Fast stolperte sie über einen der Teppiche, so eilig trippelte sie, um den Geldbeutel zu suchen. »Nimm schon mal Platz im guten Stübchen, gleich bin ich wieder da!«, und schon war sie hinausgeeilt. »Ich bin so froh, dass ich dich zum Reden habe«, rief ich ihr ins Treppenhaus hinterher.

Ohne Tante Liebwina war das Wohnzimmer still, dieser herrlich vollgestopfte Raum, an dem ich mich als Kind nie hatte satt sehen können, weil es nichts Vergleichbares gab, nirgends, keine wundersamere Wohnung. Und weil sie war, wie Tante Liebwina selbst. Von allem auf wunderbarste Weise zu viel, eine andere Welt, ein zusammengesammeltes Nest, eine kinderbunte Puppenstube, eingerahmt von dieser altrosa-goldenen Blumentapete. Und schon hatte ich die Stimmen im Kopf, schon fiel die geifernde Verwandtschaft über das sorgfältig Drapierte her: Oh Gott, schaut euch mal die Puppen an, das ganze Sofa ist voll davon, und – guckt mal! – diese kitschigen Romantikbilder, und – ist das zu fassen! – Plastikblumengestecke! Und – ach, wie rührselig – Hummelfigürchen!

Nichts hatten die verstanden, überhaupt nichts – konnten sie auch nicht, mit ihren lieblosen Herzen!

»Mein Lieblingsbild!«, ich schob eine mit Rüschenkleidpuppen besetzte Wiege zur Seite, um näher heranzukommen. Das Bild mit dem Engel, der mit ausgebreiteten Armen ein Mädchen in dünnem Hemd über einen schmalen Steg geleitete, unter dem ein furchterregender Abgrund drohte, hatte mich durch meine Kindheit getröstet.

Plötzlich zerriss ein Niesen in unmittelbarer Nähe die Stille. Ich erschrak so heftig, dass ich die Puppenwiege umriss, und erstarrte beim Anblick des Mannes auf dem rosa Plüschsofa zutiefst. Zwischen zwei lebensechten Porzellanpuppen starrte mich aus kugelschwarzen Augen ein kleingewachsener älterer Herr in einem altrosa glänzenden Seidenmantel an. Rougespuren liefen über seine fahlen Wangen bis hinab zu einem Clark-Gable-Bärtchen. Weiße Handschuhhände lagen übereinander geschichtet auf seinen Beinen.

»Entschuldigen Sie, dass ich Sie erschreckt habe«, flüsterte er. Während ich meinen Blick nicht von dieser absurden Erscheinung wegreißen konnte, tönte Tante Liebwinas Singsang ins Wohnzimmer, »Himbeerkuchen, sie hatten heute sogar Himbeerkuchen!«

»Ach!«, lachte Tante Liedwina, als sie mit dem Kuchenpaket ins Wohnzimmer trat, »ich hab euch ja noch gar nicht vorgestellt!« Sie deutete mit einer eleganten Handbewegung: »Das ist Herr Konstantin. Ein lieber, lieber Freund. Und das ist Kathi, mein Goldnichtchen«. Strahlend tätschelte sie mir die Wange. »Angenehm«, sagte Herr Konstantin und warf mir eine laszive Kusshand zu, die mich erschaudern ließ. Sein hintergründiges Lächeln war so glatt wie sein zurückgegeltes, künstlich schwarzes Haar. »Ihr könnt euch ja nett unterhalten, bis ich den Kaffee aufgebrüht habe«, sagte Tante Liebwina, und ich beeilte mich ihr in die Küche zu folgen.

»Wer ist denn *das*?«, fragte ich, nachdem ich die Tür zugedrückt hatte. »Meine kleine Heimlichkeit«, kicherte sie. »Ist der nicht viel jünger als du?« »Aber Liebchen, jung sind wir doch im Herzen, oder? Und du? Was macht die Liebe?« »André?«, da war es wieder, dieses Fallen in der Magengrube. »André, was für ein himmlischer Name, und, bist du verliebt?«, zwitscherte ihre Stimme. Schon wollte sie mit dem Geschirr ins Wohnzimmer schwirren. »Aber …«, sie blickte irritiert auf, so fest hatte ich ihren Arm gepackt. »Ich soll mich vor ihm in Acht nehmen, er soll ziemlich viel Dreck am Stecken haben!« »Aber Liebchen! Wer sagt denn so was?«, sie schüttelte vorwurfsvoll liebenswürdig den Kopf. »Eine Frau, ich hab die noch nie gesehen, hat mich angesprochen und war gleich wieder verschwunden.« »Jetzt trinken wir erst mal Kaffee!«

Sie deckte Geschirr, Besteck und Rosenservietten auf und schob vor Herrn Konstantin alles noch einmal zurecht. Als sie mir Kaffee einschenkte, wandte sie sich seinem wachsamen Blick zu: »Da hat jemand unserer Kathi schlimme Gedanken in den Kopf gesetzt, wir müssen sie aufmuntern.« »Aber selbstverständlich«, sagte Herr Konstantin und wischte sich sehr langsam mit der Serviette über den Mund, obwohl er noch nichts gegessen hatte. »Ihre Tante ist eine großherzige Dame – ein Glücksfall«, sagte er und entblößte dabei eine perfekte Zahnreihe. Ich bekam den sanften Tonfall seiner Stimme und den ganzen Rest seiner Erscheinung nicht zusammen. »Er ist ein guter Mensch«, Tante Liebwina strich mir über den Handrücken, »du kannst dich auf mein Gespür verlassen.« Er lächelte das magere Lächeln eines Menschen von abgezehrter Gestalt. War er vielleicht krank, schwer krank, todkrank? »Also«, samtweich Tante Liebwinas Stimme. Und schon stürzte es aus mir heraus, »André ist ein ganz Introvertierter. Nie weiß man, was er denkt. Wie er sich manchmal in letzter Zeit anschleicht, ganz unheimlich.« »Aber das sind doch nur deine vergifteten Gedanken, mein Mädchen«, sagte sie kopfschüttelnd, »die Frau gönnt dir dein Glück nicht!« »Wenn er was getrunken hat, kann er richtig besitzergreifend und sogar fast grob werden.« »Aber meine Liebe, alle Männer sind so! Glücklicherweise!«, sie blinzelte Herrn Konstantin an, worauf er hauchdünn zurücklächelte. Dann senkte sie ihre Stimme: »Was sagt dein Herz? Du traust doch deinem André nichts Schlechtes zu, oder?« Ich sah zwischen den beiden hin und her, die mit einem Mal zu einer mir vollkommen wohlgesinnt lächelnden Einheit verschmolzen waren. »Nein«, sagte ich, »eigentlich nicht.« »Da hast du's!«, sie streckte mir die Handflächen entgegen und ihre Augen leuchteten: »Dein Herz hat gesprochen!« Die stürmische Art, wie sie mich jetzt in ihre Arme schloss, der Rosenduft, alles war eins, alles war gut, zusammen mit Herrn Konstantin, der unhörbar in seine Handschuhhände klatschte und mir zuzwinkerte. Wie von Zweifeln vergiftet musste ich gewesen sein, dass ich ihm etwas Verdächtiges, Falsches unterstellt hatte? Plötzlich lachte ich laut los, breitete die Arme aus: »Ich liebe das hier, das alles!«

»Jetzt machen wir's uns schön!«, Tante Liebwina sprang auf, schob eine CD ein. Und schon umsäuselten uns die Klavierklänge von Richard Claydermann wie sanfte Wellen, in die hinein ich meinen verzückten Zuhörern von meinem wunderbaren Leben erzählte. Das gleiche unbändige Sprudeln, das André in mir in Gang gesetzt hatte – vor dieser Bemerkung. Und dann erzählte Tante Liebwina, wie sie Herrn Konstantin beim Tanztee kennen gelernt hatte. Und Herr Konstantin selbst erwies sich als galanter Zuhörer, der uns vornehm beipflichtete und später dann, bei Kerzenlicht, Tante Liebwina sogar zum Tanzen aufforderte. Wie geschmeidig er sich bewegte!

»Lass dich nicht von deinem Glück abbringen!«, sagte Tante Liebwina zum Abschied und entließ mich kaum mehr aus ihrer Umarmung. Herr Konstantin hielt mir die Tür auf und lächelte sehr fein mit einer hochgezogenen Augenbraue: »Meine Empfehlung an den Herrn André.« Und ich ließ mich dazu hinreißen, Herrn Konstantin innig zu umarmen.

Gabriele Kögl
Johnny de Luxe

Diesmal funke ich dem Alten, bevor ich ihn beim Einhandsegeln oder sonst wie beim Cruisen. Ich meine, sonst ist der ja ein totaler Bewegungslegastheniker, nimmt die Fußmaschine grad mal in die Hand, um auf die Terrasse. Im Extremcouchen und Egosurfen ist mein Oldi Meister. Warum hebt er verdammt nicht ab. Ich weiß, dass er ein Hochleistungschiller, aber wird wohl nicht vergessen, dass er noch eine Phantomvibration unterm Arschgeweih.

Oke, dann nicht, dann nur eine Short Message: Ey Dad, ich bin im Anlauf.

In der U-Bahn funke ich dann nochmals. Keine Mailbox, nur vorübergehend nicht erreichbar, ist schon lange vorübergehend. Sogar, wenn er sich grad selber ablaicht, ist es verdammt lange, also so lange geht nur jemand nicht, der nichts erwartet von außen oder der von innen nicht mehr kann. Ich krieg fett den Angster und stopf den Schlüssel in die Tür, und will sie auf, aber liegt was vor, lässt sich nicht so leicht weg. Und als ich mit Dagegendrücken einen Spalt geschafft, hör ich ihn schreien: Ich kann keinen Zentimeter mehr, Phigie, hol die Rettung, ich kann mich nicht bewegen, es bricht mir das Kreuz, wenn ich mich bewege.

Das kann ich nicht so, mit einem Spalt zwischen Tür und Angel und keine Ahnung, was los. Ich stemm mich nochmals, wenigstens so weit, dass ich mich durch den Türspalt drücken und über ihn drüber steigen. Er schreit auf, als hätt ich ihm die Eier ab, aber dann bin ich endlich drin und das ist kein Backup, so ein Oldi auf dem Boden hinter der Eingangstür und dann auch noch alles feucht, seine Hose im Schritt und der Boden und er sagt, dass er schon seit drei Tagen hier und dass er es nicht mehr geschafft, weder zum Handy noch zur

Tür und auch nicht aufs Klo. Er sagt, ich soll ihm Wasser bringen, sonst würd er verdursten, dann würd er den Notarzt auch nicht mehr brauchen.

Ich check ihm ein Glas Wasser aus der Küche und heb ihm den Kopf an, während er seinen Tank füllt, und als die Rettung kommt, sehen sie sofort, dass es ein Bandscheibenvorfall und ich hab nicht einmal gewusst, dass man Bandscheiben hat, die so weit vorfallen, dass sie einen komplett nach unten ziehen, sodass man krepiert, wenn niemand kommt, der den Vorfall der Rettung melden kann.

Und eigentlich rette ich meinem Vater gerade das Leben mit meiner Tochterliebe. Der Notarzt haut ihm eine Transfusion rein, dann heben ihn die Sani auf und legen ihn auf eine Trage.

Und als sie mit ihm rausgehen, winkt er mir und sagt: Kein Wort an deine Mutter, Phigie, sonst fängt sie noch an, sich um mich zu kümmern.

Ich geb ihm den Daumen und steck ihm noch schnell sein Handy, damit er mich funken kann.

Und ich werde krass keinen Ton zu meiner Mam, weil sonst alles wieder von vorne. Mensch, ich bin so was von Honig, dass die sich endlich die Stornokarte. Die hatten nur Zoff, wenn er zu Hause. Er hat gesagt, er ersticke noch in der verstaubten Bude und liebe seine standardisierten Hotelzimmer, wo die Schreibtische leer und er immer Platz für seinen Laptop.

Er hatte damals grad seinen Job mit den vielen Reisen aufgegeben und wollte ein neues Leben, und dazu gehörte es auch, dass er von mir was haben wollte und damit meinte er, dass er für mich da sein wollte und ich habe das nicht gleich gecheckt, wie praktisch das war, mit hier und dort. Damals hatte ich voll den Angster, dass sie mich zerreißen und als ich nicht wusste, wohin, habe ich geträumt, ich würde auf den Bahnhof ziehen.

Und dann hab ich eine Zeitlang total gerecht verteilt, bis ich gerafft, dass ich total was rausholen kann, wenn ich nicht mehr so gerecht. Und das hat eine Weile richtig gut funktioniert, je ungerechter ich sie behandelt, umso mehr hab ich bekommen, damit ich wieder gerechter zu ihnen.

Und jetzt, klar, auch nicht ein Wörtchen zu seiner Ex, ich hab die Bude total für mich, kann weg, so lang ich will und sogar auf Party und niemand kriegt einen Schnaller von mir. Bloß die Nudeln muss ich mir selber und den Ofen auch.

Am Abend diesmal ins Flex, nix mit Voga-Kindergarten, dort kommen jetzt schon die 15jährigen rein, ist ja der totale Babybunker, wenn die Fünftklässler dort abshaken wie die Milchbarmixer. Im Flex ist alles anders. Dort ist jeder für sich. Es ist so schwarz, dass man niemanden und so laut, dass man nichts, und jeder bewegt sich auf der Stelle und nur für sich. Ich kann meine Freunde nicht, weder beim Tanzen noch beim Stehen und eigentlich ist das urfad, wenn man nix sieht und nix hört.

Ich quetsch mich durch die Wanderdünen und check mal, was outdoor los und draußen ist wenigstens die Straßenbeleuchtung, und ich weiß, dort, wo sich die Lichter spiegeln, ist das Wasser, da wär nicht gut abzutauchen im Donaukanal, und ich kann mir nicht vorstellen, dass dort nie jemand rein, wenn die voll abgefüllt oder zugegrast. Da seh ich Johnny mit einem Waldapotheker, aber sonst niemand von uns, und ich denk, dass Johnny seine Kohle wieder einstecken, er soll mit mir, bei meinem Alten wächst genug Gras. Aber ich will ihn nicht überfordern, auch wenn er so schön schwarz, er ist noch nicht Obama und ich frag erst mal, Johnny, bringst du mich nach Hause, ich fühl mich grad gefreckt und so spät mit der U und allein.

Zuerst hat er keinen Turn, er checkt noch ab, ob er die anderen noch irgendwo, aber da hängen nur zugefixte Hungertürme rum, und dann macht er doch den Schuh und zieht mit mir los.

Die U ist fast leer so spät und ich bin galaktisch, dass ich nicht alleinsam, denn bei der nächsten Station steigen ein paar Plastikgangster, mit richtigen Geld-zurück-Gesichtern, und als sie Johnny de Luxe blickficken wie eine Chica, kann ich nur hoffen, dass sie cremig bleiben und so wie die aussehen, haben die höchstens Grundschulabitur und sind dreimal die Woche beim Heckenschneider und zweimal beim Muckitoaster, da stört sie so ein Obama Brockhaus, und sie machen gleich mal die Brüllmücke, damit sie zeigen, dass sie auch wer.

Ich quetsch mich total ins Eck, ich will nicht, dass sie mich checken, aber es ist so wenig los und da hab ich null Chance, und sie finden es total uncool, dass Johnny mit mir und ich ahne, was jetzt, und dann geht es auch schon los, der eine Fette mit der Schwanzmarkise textet Negerhure und der andere mit der Metzgerfrisur Scheißnigger und ich hab in der Not einen Fackelschein und lass meine gute Rechte ganz unauffällig in meiner Lippenstiftvilla verschwinden und such sie schon mal vorsichtshalber nach der Pfefferrolle ab, aber vorher schau ich mich nochmals um, ob nicht doch irgendwo uniformierte Bewegungsmelder, die sonst immer, wenn man sie nicht braucht. Aber die sind wahrscheinlich längst in der Heia um diese Zeit.

Die Vorsokratiker kommen näher, der eine rammt Johnny mit seinem Ellenbogen und ich denke, shit, wenn die mit uns aus und niemand am Bahnsteig und niemand auf dem Pflaster, und wenn die vielleicht das Messer, da dreh ich lieber am Knopf bis zum Anschlag und geh kein Risiko ein. Die U fährt in die Station. Ich hab den Daumen auf dem Druckknopf, ich spür, wie meine Finger scheppern, aber ich hol die Rolle voll raus und drück drauf, als die Typen auf mich zu und voll in die Glupscher. Leider erwischt es Johnny auch ein bisschen, der mir gegenüber. Der Druck katapultiert mich in den Sitz zurück, aber die drei sind krass geschockt und der Pfeffer brennt bis zu mir, aber die Gangster sind voll im out, sie brüllen, sie fahren sich mit den Pfoten in die Augen, ich pack Johnny an der Hand und renn mit ihm los und schrei Raus hier, Johnny und die Typen schreien, aber da ist die Tür schon wieder zu und Johnny wischt sich den Brand aus den Augen, scheiße, ich seh nix, flucht er herum und ich kram nach einem Taschentuch und wisch ihm die Augen und die Nase, aus der es ebenfalls galaktisch.

Es ist nicht weit von der Station zur Erzeugerbude und jetzt schlepp ich Johnny richtig ab, so wie er sich von mir ziehen, weil er nix sieht.

Hey, Alter, sag ich, als wir im Freien, solltest du nicht auf mich?

Hätt ich auch so, sagt er.

Das hat man davon, dass man einen Neger, ich. War das das erste Mal, dass du so?

Er schüttelt den Kopf. Aber es hat noch nie jemand so krass die Kurve gekratzt.

Ich merke, dass ich den Spray immer noch fest umklammert und den Daumen voll am Drücker, obwohl er längst leer, und jetzt mach ich endlich locker und hau ihn in die nächste Tonne.

Hat mir meine Mutter, für alle Fälle. Immerhin nicht umsonst investiert.

Ich schnall, wie Johnnys Hand in meiner zittert, und als wir vor dem Haus, sag ich, ist vielleicht besser, du bleibst hier. Kannst ja deinen Ellis funken und sagen, was passiert.

Und was sagt dein Alter, will Johnny wissen.

Ist im Krankenhaus. Die Bude gehört uns.

Als wir oben, funkt er den Backupern und sagt, dass Nazis in der U. Und dass er deshalb bei mir. Und dass mein Oldie nicht da, sagt er natürlich nicht und wir schilfen noch auf der Couch im Wohnzimmer und schickern ein Whisky-Cola, weil der Supporter sonst nix zu Hause außer Whisky, Russensaft und Cola, und irgendwann sind wir total out of space und als wir dann ins Bett, ist Johnny total peacy, er legt sich mit der Unterhose und ich habe ein Tanktop und einen Slip und Johnny macht den Löffel und umarmt mich von hinten und ich spüre, dass er immer noch zittert und ich seh die Typen von der U die ganze Nacht vor mir, zuerst mit dem Messer und dann wie sie schreien, und ich weiß nicht mehr, ob sie wirklich ein Messer gemacht, oder ob ich nur einen riesigen Angster davor, und eigentlich bin ich ganz galaktisch, dass Johnny die ganze Nacht. Nur umarmt.

Am nächsten Tag funke ich meinem Oldie, nachdem Johnny gegangen. Ich hab ja keinen Schimmer, wo er so herumgecruist mit dem Rettungswagen. Er sagt mir, wo er pennt und bevor er auflegt, added er noch seinen Lappy, dieser Nerd, und er checkt, ob ich meiner Mutter schon was gesteckt, und ich sag, da muss er schon selber. Ich bin ja nicht laufwerkamputiert, dass ich ihr, wo ich das ganze Wochenende alleinsam und sie glaubt, ich hätte beim Oldie das ganze Backup-Programm.

Ich raff alles zusammen in seinem Arbeitszimmer, Kabel und Tasche und so. Es ist strange in der Wohnung, ganz ohne meinen Oldie, das war ich noch nie, weil der doch immer und jetzt kann ich überall rein, auch in sein Schlafzimmer, in das ich sonst nie. Und als ich die Tür, sieht es steil aus, richtig Bombe. Die Schublade ist aufgefetzt, der Kasten steht offen, Jeans und Rüsselsheimer liegen am Boden rum, eine Penisente ist auch dabei, na immerhin, vielleicht lässt er dann meine Ritzenteiler in Frieden, neben dem Bett die Prinzenrolle, zum Teil abgefetzt und zusammengeknüllt, damit hat er sich wohl den Lollipop, nachdem er sich einen von der Palme gewedelt.

Ich greif nach dem Eierkneifer und schau mir das Ding mal genauer, wie das so aussieht für Typen, ich kenn das nur für Chicas, hab das noch nie bei einem Jungen, und das haben die normal auch nicht, wenn sie nicht pervers, die haben Boxer-Shorts, ganz normo, und dieses Ding hier ist kaum größer als mein Ritzenflitzer und ich frag mich, wie da Platz sein soll für Willy und die Zwillinge, oder geht es vielleicht gar nicht darum, dass sie genügend Platz? Vielleicht muss nur der Goldständer und das andere ist Christbaumschmuck, damit der Gipfelspitz noch besser zur Geltung. Ich hau den Furzklemmer wieder in die Ecke und mach einen Blick in das offene Nachtkästchen und da gammeln echt einige Muschibrummer herum. Und ich reiß ein Stück von der Prinzenrolle und fass da einen Brummer an, ganz unten, mit zwei Fingern, und dem Papier dazwischen und nehm ihn raus und frag mich, was der Alte macht mit dem Zeug. Die kann er sich doch nur selber, und zwar nur in die Kackbratze, oder wie? Und ich stell mir grad vor, ob die Alten beim Separationskrieg gestritten, wer die kriegt, ob sie gerecht gedealt, obwohl ich mir nicht vorstellen kann, dass meine Mam diese Dinger und schon gar nicht, dass er bei ihr mit diesen Dingern herumgeigelt.

Ich leg das Zeug wieder hinein, so wie ich es gefunden und daneben ein rosa Krokotäschchen, ich glaub es nicht. Das fass ich ohne Klopapier und es ist echt ein Schminktäschchen mit Lippenstift, Gloss und Wimperntusche drin, alles von *Estee Lauder*, so teure Kosmetik hab ich mir noch nie, ich geh immer zu *dm* oder *BIPA*, und ich könnt das mal probieren, aber das sind echt nicht meine Farben, so alles in Rosa, und meine Wimpern mach ich mir sowieso nie, weil ich das nicht brauche, die streifen von Natur meine Augenbrauen, so voll die Länge.

Im Krankenhaus muss ich mich erst durchpflügen mit seinem Namen, damit ich an ihn ran. Und dann pennt er in einer Einzelzelle, mit dem Kabel an der Hand, wo ihm der Infusaft in den Arm und es geht ihm zum Glück schon besser. Ich lege dem Sony-Männchen seine Tasten auf den Nachttisch, den Computer als Teilchenbeschleuniger wird er jetzt wohl nicht, ich meine, so mit dem Schlauch an der Willyhand geht das nicht.

Hi Pap, sag ich, und würd ihm gern einen Kuss, so wie er daliegt, so kaputt und gefreckt, in dem urinfarbenen Krankenhausdress. Aber dann stell ich mir die Ladyboyfresse bei ihm vor, so richtig mit dem knallrosa Lippenstift drauf, und das ist beim eigenen Erzeuger echt grindig. Also keinen Schlatz von mir auf seine Gesichtsritze und er erzählt mir, dass er Infusionen als Entzündungshemmer und dass er die Untersuchungsergebnisse abwarten, ob er eine OP. Und wenn er eine, dann soll ich wissen, dass ich alles erben, falls er nicht mehr aufwacht, und er steckt mir, in welcher Lade das Testament, und dass es niemand wisse, außer mir.

Mir ist das echt peinlich, dass er jetzt so mit mir, von Sterben und Testament, und ich will davon nix hören und lenk ihn ab und erzähl von der U-Bahn gestern Nacht, und welche Typen da cruisen in der Aufrisszone, und dass sie voll auf Johnny, nur weil er maximalpigmentiert. Und diese Mehlmützen mit den Paulanerspoilern, wie die plötzlich so auf Johnny los, Mann, da hab ich voll den Angster und mir gedacht, wenn die jetzt das Messer, dann kann ich das Testament, Pap, und nicht du, und deshalb hab ich voll die Pfefferrolle, dabei hatte ich ja keinen Checker, wie das geht und ob das funktioniert, wenn man da drauf, das war echt eine Überwindung, da draufzu, das hätt ich mir nicht gedacht, dass es so schwer, und dann hat es zum Glück gleich in die richtige Richtung, nur Johnny hat es auch erwischt, weil er auch in der Richtung, und das geht voll ab, Mann, da hast du echt die Arschkarte, wenn dir der Pfeffer in die Glupscher, da siehst du nullkommanix, hast keine Ahnung mehr, wohin das Messer oder sonst was. Man weiß ja nicht, die sind unberechenbar, hätt ja auch sein können, dass die auf uns, wenn die nix sehen, einfach irgendwohin und deshalb bin ich gleich weg, als der Zug gestoppt und Johnny hab ich an der Hand, weil der auch nix gesehen, weil er gegenüber von mir und da waren auch die Mendos, die ich voll erwischt, und stell dir vor, Pap, ich hätt in der Aufregung den falschen an der Hand, und hätt dann draußen gemerkt, dass der Zug abgefahren, und ich so einen Kloppi im Schlepp, und Johnny de Luxe da drinnen mit den Buletten, da krieg ich jetzt noch einen Lachflash, wenn ich dran denk. Hast du schon mal eine Pfefferbombe gezündet, Pap, frag ich und er sagt nix, und ich schnall, dass er sich längst von innen betrachtet, er pennt, ist einfach weggepennt, während ich erzählt, was mir gestern.

Ich steh auf und mach den Schuh, ich mein, er hat ja alles, seinen Läppi, den Funker und die Schmerzinfu, da braucht er mich ja echt nicht, im Moment.

Que Du Luu

Die Asche meines Hamsters

Als sie in mein Zimmer kam und mir den Hammer in die Hand drückte und sagte, ich solle meinen Hamster töten, war das der schwärzeste Tag in meinem Leben. Sie hob ihren Zeigefinger: Wehe, wehe nicht! und ging wieder raus.

Mutter hatte meinen Hamster noch nie gemocht. Er kam nicht, wenn man ihn rief. Er machte nicht Sitz und Platz. Hamster tun nie das, was man ihnen sagt. Sie haben ihren eigenen Kopf und in ihrem Kopf dreht sich alles nur um ihre Vorräte.

Mich hatte Mutter auch noch nie gemocht. Ich kam zwar angelaufen, wenn sie mich rief, aber als meine Zensuren den Bach runtergingen, durfte ich mich nicht mehr mit Freunden treffen und als meine Noten noch schlechter wurden, sagte sie: »Noch eine fünf und der Hamster kommt weg!« Mit dem würde ich viel zu viel Zeit verbringen, was auch stimmte. Ich konnte Speedy sehr lange zuschauen. Wenn er knuspernd aß oder in seinem Hamsterrad Marathon lief, versank ich in seinen Anblick und alles fiel von mir ab.

Mutter war vom Elternsprechtag zurückgekommen und hatte wohl erfahren, wie es wirklich um mich stand.

Als Mutter durch die Tür war, ließ ich den Hammer fallen und öffnete Speedys Käfig. Speedy sah mich mit seinen Hamsteraugen an, als hätte er alles mitangehört.

»Keine Sorge«, sagte ich und hob ihn hoch. Er zappelte auch gar nicht, sondern schaute mich nur weiterhin groß an. Ich robbte unters Bett und legte ihn ganz hinten an der Wand ab.

»Rühr dich nicht vom Fleck und verhalt dich ruhig«, sagte ich leise.

Ich kam wieder unter dem Bett hervor und sah mich um. Mein Blick blieb an dem abgewetzten Eichhörnchen hängen. Ich nahm es vom Bett, ging zum Fenster, öffnete es und warf es hinaus. Wir wohnten im achten Stock.

Noch während des Flugs kam Mutter ins Zimmer mit einem grauen Müllbeutel in ihrer Hand.

»Wo ist er?«, fragte sie. Auf dem Boden lag nur der Hammer. Sie sah zu dem Käfig. Der war leer.

»Er ist da unten«, sagte ich und zeigte zum offenen Fenster. Eine Sekundelang war sie verwirrt, dann kam sie, beugte sich raus und sah auf den Fleck dort unten auf den Bürgersteig. Sie kniff die Augen zusammen.

»Hm«, murmelte sie vor sich hin.

»Ich konnte das mit dem Hammer nicht tun«, sagte ich.

Sie drehte sich um und ging weg. Ich wollte schon aufatmen, da lief ihr Speedy quer vor die Füße. Mutter stoppte. Sie bückte sich und griff ihn so fest, dass er quiekte (Hamster quieken nur ganz selten).

Sie watschelte zurück, stieß mich zur Seite und warf ihn raus.

Ich beugte mich weit über die Fensterbank und sah nach unten. Speedy flog immer noch und nach einer Weile, die mir wie eine Ewigkeit vorkam, schlug er auf dem Bürgersteig neben seinem Double auf. Es machte nicht »klatsch« oder »peng«. Der Aufprall war lautlos, als hätte man den Ton abgestellt. Er rührte sich nicht mehr.

Mutter fasste meinen Nacken und drückte mich nach vorn, runter ins Leere.

Kalte Luft umwehte meinen Kopf. Meine Beine wurden puddingartig und meine Arme auch.

»Alles muss ich selber machen«, presste sie heraus. »Sieh genau hin.«

Sie drückte mich noch weiter nach unten. Ich versuchte irgendwo Halt zu finden. Sie drückte noch weiter und ich stand schon auf Zehenspitzen. Gleich würde ich abheben. Ich war viel kleiner als sie und sie war fett wie eine Litfasssäule.

»Für deine Lügen sollte ich dich hinterher schmeißen.«
»Mach doch!«, schrie ich.
»Wenn du noch einmal lügst, tu ich's«, sagte sie und ließ mich los.

Ich rannte die Treppen hinunter, ich war viel zu aufgeregt, um auf den Fahrstuhl zu warten. Als ich bei ihm ankam, lag er komisch auf dem Rücken. Etwas Blut lief aus seiner Schnauze. Ich hob ihn auf, obwohl ich mich plötzlich ekelte. Ich ekelte mich vor dem schlaffen Körper, dem Blut, den schwarzen Augen, die noch mehr hervorstanden als sonst. Jetzt quollen sie fast schon raus. Die Augen waren das toteste an ihm. Eben war er noch mein Freund gewesen und jetzt war er nur noch ein Ding, das bald anfangen würde zu stinken.

Im Treppenhaus wollte ich zuerst nach oben, aber nach einigen Stufen stoppte ich und dachte nach. Mutter würde ihn in den Müll werfen, wenn sie ihn entdeckte, soviel war klar. Aber Speedy war kein Müll, auch wenn er sich nicht mehr rührte. Ich drehte um und ging nach unten.

Im Kellerraum roch es nach alten Zeiten. Mir fiel gleich die runde Dose ins Auge. Neben vielen anderen Sachen lag sie da im Regal. Ich nahm sie in die Hand und öffnete sie. Sie war leer und duftete nach Butterkeksen. Ich legte Speedy hinein.

Jetzt musste ich nur noch nach einem Spaten suchen, denn ich wollte Speedy begraben. Aber es gab keinen. Hinten in der Ecke stand nur ein Grillfass. Mutter würde es im Sommer wieder nach oben bringen und auf dem Balkon ihre blutigen Koteletts grillen, bis sie schwarz wurden. Neben dem Grillfass lag ein verschlossener Sack Holzkohle und neben der Kohle standen zwei Flaschen Grillanzünder.

Mir kam eine Idee. Wenn ich Speedy begraben würde, konnten Ratten ihn immer noch ausbuddeln. Die Dose wäre auch nicht schwer zu öffnen. Eine Feuerbestattung wäre besser. Niemand konnte ihn dann noch annagen.

Ich schlich in die Wohnung und hatte Angst, Mutter könnte irgendwo hinter einer Tür auf mich lauern. Aber sie war nirgends zu sehen. Aus dem Badezimmer kamen Plätschergeräusche. Ich lief in mein Zimmer, holte meine Jacke, einen zweiten Pullover und steckte die Sachen in meinen Rucksack. Mein Blick fiel auf den Käfig. Das Laufrad stand verwaist da und auch der Tontopf, seine Schlafhöhle, sein Vorratshaus. Ich wandte meinen Blick ab und griff mir die offene Sonnenblumentüte neben dem Käfig. Dann fiel mir Mutter ein. Vielleicht war sie schon aus der Wanne raus. Ich ging in den Flur, aber die Badezimmertür war immer noch zu.

Ich lief aus der Wohnung und ließ die Tür so laut zufallen, als würde es donnern.

Aus dem Keller holte ich noch die Kohle, den Grillanzünder und Speedy.

Ich bog nach dem Friedhof rechts ab, ging wieder rechts und dann nach links und immer geradeaus, die Salzufler Straße entlang.

Nach einer Stunde kam ich endlich an, aber noch nicht ganz. Ich stand erst unten am Waldrand und musste noch hoch bis zum Bismarckturm. Ich setzte die Kohle und den Rucksack einen Moment ab und verschnaufte. Dann ging ich rein. Im Wald war es schlimmer als auf dem Friedhof. Von überall raschelte es und ich versuchte mir zu sagen, dass es nur Igel seien. Mir war klar, dass ich mich anlog. Der Wald war in Wirklichkeit voller Mörder. Bei »Mörder« fiel mir Mutter ein und da wurde ich ruhiger. Mutter war die schlimmste Mörderin und bestimmt nicht im Wald, sondern zu Hause.

Manchmal hatte ich Bauklötze vor der Tür aufgetürmt, damit ich hörte, wenn sie nachts reinkam. Ich hatte Angst, dass sie mich im Schlaf ersticken würde. Tagsüber hatte ich nicht so eine Angst, obwohl es tagsüber genauso gefährlich war. Ich glaube, ich wollte einfach nicht überrascht werden. Aus irgendeinem Grund wollte ich es wissen, wenn ich sterbe.

Nach einer Ewigkeit war ich oben und hatte auch den Bismarckturm gefunden. Um den Turm herum war Rasen und direkt vor den Stufen befand sich eine große Schotterfläche. Ich legte den Kohlesack hin, nahm den Rucksack ab und ließ meinen Schweiß trocknen.

Nachdem ich wieder bei Kräften war, schüttete ich die Kohle aus. In die Mitte drückte ich eine kleine Mulde, streute die Tüte mit Sonnenblumenkernen hinein und holte Speedy aus der Dose. Ich versuchte, nicht in sein Gesicht zu sehen, tat es aber doch. Bei einem toten Menschen werden die Augen zugedrückt, das sieht man im Fernsehen, aber bei einem Hamster geht das nicht. Ich wischte ihm die Blutspur von seiner Schnauze und küsste ihn.

Ich legte ihn in die Mulde, goss erst die eine, dann die andere Flasche Grillanzünder über ihn und über die Kohle um ihn herum. Dann wartete ich eine Weile. Der Wind wehte stärker als vorher.

»Speedy«, sagte ich. »Ich habe dir noch ein paar Sonnenblumenkerne dazugelegt.«

Er hatte immer so viele Kerne in seinen Hamsterbacken verstecken können. Dann hat er alles in seine Höhle getragen und sie dort zu einem Haufen gebunkert. Er hamsterte was das Zeug hielt. Ab und zu, nachdem ich ihm Obst gab, musste ich den Tontopf hochheben und die Stücke rausnehmen, damit sie nicht faulten. Dabei hatte ich immer seine Vorräte durcheinander gebracht. Das mochte er nicht, denn er stapelte mit System. Wenn ich in den Vorräten gewühlt hatte, merkte er das gleich, wenn er in der Höhle war. Dann kam er sofort wieder raus, war ganz aufgeregt und schaute mich vorwurfsvoll an, als würde er schimpfen.

Ein Hamster kann ganz schön eingeschnappt sein.

Ich zog die Jacke aus und legte den zweiten Pulli auf die Steine, um mich drauf zu setzten. Mittlerweile war es schon ganz dunkel geworden. Ich nahm die Streichholzschachtel. Sie war etwas eingedrückt.

Das erste Streichholz knickte ab, als ich es über die raue Fläche rieb. Darüber war ich froh. Das nächste zündete aber. Ich ließ die Flamme fast bis zu meinen Fingern brennen und warf in letzter Sekunde den Stummel in die Kohle. Alles flammte sofort auf. Mittendrin Speedy. Ich beobachtete ihn genau. Er fing noch kein Feuer, obwohl um ihn herum schon hohe Flammen loderten. Dann glühten seine Fellhaare, aber nur an den Spitzen. Wie diese altmodischen Lampen, die wie dicke Haare aussahen und nur an den Enden leuchteten. Jetzt fing sein ganzes Fell Feuer. Die Sonnenblumenkerne knackten in der Hitze. Speedy brannte noch stärker. Alles war nur noch Licht und Dunkelheit.

Irgendwann verschwanden die Flammen und die Kohlen glühten hellrot. Sie strahlten immer noch Hitze aus. Speedy glühte nicht. Er war ganz schwarz und lag da wie ein Maulwurf. Rauch stieg hoch. Ich legte mich auf die Matte und beobachtete, wie die Kohlestücke grau wurden, und schlief ein.

Am nächsten Tag hatte ich Kopfschmerzen und meine Beine waren ganz durchgefroren. Es war nicht mehr dunkel, aber auch nicht sehr hell. Die Kohle war abgebrannt. Ich drückte mich auf. Als ich endlich saß, hielt ich meine Hände über den grauen Kohlehaufen und spürte nur Kälte. Auch Speedy war nur noch graue Asche. Aber seine Form sah man immer noch. Ich griff in seine Asche und streute sie in die Keksdose.

Als ich fertig war und auf das Grau in der Dose schaute, fing ich an zu heulen. Jetzt war ich ganz allein. Speedy war wirklich gestorben. Ich heulte und heulte und alles verschwamm.

Als die ersten Spaziergänger am Bismarckturm vorbeiliefen und mich schräg anschauten, nahm ich die Dose und ging los.

Als ich aus dem Wald kam, bog ich in irgendwelche Feldwege ein.

Die meisten Felder waren noch kahl, andere waren schon grün, aber die Pflanzen waren noch nicht höher gekommen als bis zu meinem Knie. Ich heulte immer noch. Ich hasste meine Mutter, ich hasste mich und ich hasste es, dass Speedy nur noch ein graues Häufchen war. Die ganze Welt war nichts als grau. Grau waren die Straßen, die Wiesen, der Himmel.

Ich lief und lief, immer weiter, bloß weiter. Ich wollte müde sein, schmutzig sein, durstig sein. Es wurde langsam heller. Der trübe Nebelschleier verschwand und der Himmel wurde klar. Als die Sonne hoch am Himmel stand, sah ich einen Baum. Er stand auf einer Wiese und war umringt von einem hohen Eisenzaun. Der Baum war voller rosa Blüten. Es musste ein Kirschbaum sein.

Speedy mochte Kirschen, aber er durfte nicht viel davon essen.

Ich wischte mir mit den Ärmeln über die Augen, um den Baum besser zu sehen. Das Rosa wurde noch leuchtender. Ich nahm die Keksdose und öffnete sie.

Ich griff hinein und hatte die Hand voller grauer Asche. Die Asche war weich und rau. Ich streckte meinen Arm durch den Zaun und ließ los. Der frische Wind trug Speedys Asche fort hinüber zu dem Baum. Dann drehte ich die Dose um und auch der letzte Rest des Graus wehte dort hin. Im Sommer, wenn die rosa Blüten zu roten Kirschen wurden, wollte ich wiederkommen.

»Alles Gute!«, rief ich. »Alles Gute!«, und rannte weg.

Barbara Reuschle

Carla ist krank

Jeden Mittag zur gleichen Zeit klemmt Simon sich die Zeitung unter den Arm, verriegelt seinen Optikerladen und geht nach nebenan ins Lehmanns.

Vier weiß gedeckte Tische, eine Theke mit sechs Hockern, Hugo Lehmann kocht, Carla Lehmann bedient, bei jedem Schritt knarren Eichenholzdielen. Das ist das Lehmanns.

Simon drückt heute also zur üblichen Zeit die schwere Eingangstür auf und betritt sein Stammlokal.

Doch drinnen ist es still und leer.

Keine Gäste sind da, erst recht keine Carla. Keine Begrüßung, kein rot gemaltes Lächeln weit und breit. Unberührt stehen die weiß gedeckten Tische, umgestülpt und unbenutzt sind die Gläser darauf. Licht brennt auch keins.

Aber an der Theke sitzt jemand.

Unbeweglich sitzt dort ein Mann, er starrt in ein Bierglas und dreht sich nicht um, als er sagt:

»Wir haben geschlossen, haben Sie denn draußen das Schild nicht gesehen?«

»Schild?«, fragt Simon.

»Ach, unser Optiker ist's!«, sagt Hugo und dreht sich nun doch um.

Noch fahler als sonst ist sein Gesicht.

Obwohl nur drüben bei den gedeckten Tischen Tageslicht durch kleine Sprossenfenster fällt, sieht Simon den Ausdruck in Hugos Gesicht, wagt aber nicht, ihn zu deuten. »Warum habt ihr denn plötzlich geschlossen?«, fragt er stattdessen.

»Wegen Krankheit. Draußen steht's. Draußen hängt ein Schild, hättest du's gesehen, dann wüsstest du's.«

»Carla? Ist Carla krank?«

»Ja, Carla ist krank. Kein Wunder bei dem Wetter, nicht wahr? Trinkst du ein Bier mit mir?«

»Ich wollte eigentlich, also …«

»Keine Sorge, in der Küche wird sich schon noch was zu essen finden.«

»Lass doch, mach dir bitte keine Umstände, ich meine, wenn ihr doch geschlossen habt … Was fehlt Carla denn?«

»Jetzt setz dich einfach hin, ich schließe diese verdammte Tür ab, mach dir was zu essen und dann trinken wir zusammen ein Bier. Du bist eingeladen.«

Zu direkt ist der Blick in Simons Gesicht.

Die Brillengläser sind nicht sauber, die Augen dahinter unruhig. Und nervös. Nein, lauernd. Auch so etwas wie spöttisch.

Simon würde jetzt gerne gehen.

Aber er ist zu höflich dazu.

»Fühl' dich doch einfach wie immer«, sagt Hugo und gleitet vom Hocker. Schon halb durch die Schwingtür, dreht er sich noch einmal um: »Auch wenn Carla heute nicht da ist.« Dann verschwindet er in der Küche. Die Türflügel klappen vor und zurück, zurück und vor, schwingen aus, stehen still. Gleich darauf geht über Tischen und Theke die Beleuchtung an.

Simon setzt sich auf einen Barhocker.

Er hört Hugo in der Küche hantieren, er hört ihn eine kleine Tonfolge pfeifen, Simon kennt sie nicht, aber sie hört sich falsch an. Gedämpft dringen von draußen Straßengeräusche. Aber es ist zu still im Lehmanns.

Und zu schwer.

Leblos ist es.

Carla ist nicht da.

Simon schlägt seine Zeitung auf.

Er liest Überschriften, er liest Wörter und Sätze, er sieht Carla mit einem kleinen Schwingen und marienkäferverzierten Gesundheitsschuhen hin und her über die ewig knarrenden Dielen laufen und Hugo kommt aus der Küche. Einen dampfenden Teller hat er in der Hand, stellt ihn mit großer Geste vor Simon auf den Tresen: »Voilà, der Herr, es ist zwar nur das Artischocken-Gorgonzola-Risotto von gestern, aber ich hoffe, es schmeckt dir trotzdem.«

»Bestimmt. Hast du auch Besteck?«

Hugo öffnet eine Schublade, knallt sie wieder zu, schiebt Messer und Gabel über die Theke. »Parmesan?«

»Bitte?«

»Möchtest du Parmesan zu deinem Risotto?«

»Nein, danke, lass nur.«

Seit Jahren kennen sie sich nicht.

Außer Simons Mittagspause und Carlas Lächeln gibt es keine Verbindung zwischen ihnen.

Obwohl er inzwischen keinen Hunger mehr hat, beginnt Simon zu essen. Hugo zapft derweil zwei Biere.

Dann sitzen sie stumm nebeneinander. Hugo trinkt Bier. Simon isst.

Schließlich, das Besteck auf den noch fast vollen Teller legend, schaut Simon vergeblich nach einer Serviette. Hugo merkt's nicht oder es ist ihm egal und Carla ist krank.

»Prost«, sagt Hugo und hebt sein Glas.

Also wischt sich Simon nur mit der Hand über den Mund und hebt seines ebenfalls: »Auf Carla. Auf dass sie bald wieder gesund wird.«

»Keine Sorge, die ist zäh.« Zu laut knallt das Bierglas auf die Theke.

»Machst du die ganze Zeit zu, solange sie krank ist?«

»Hast du eine bessere Idee?«

»Du kennst niemanden, der einspringen könnte?«

»Wer sollte das sein, DU vielleicht?«

Simon sollte jetzt wirklich gehen.

Aber er ist nicht nur zu höflich dazu, sondern auch Geschäftsmann in einer kleinen Stadt, außerdem ist Hugo, aus welchem Grund auch immer, mit Carla verheiratet.

»Hast du eigentlich eine Ahnung davon, wie das ist mit Carla?«

Auf seine Armbanduhr blickend, sieht Simon, dass er noch fast eine Stunde Zeit hat und er weiß, dass Hugo das weiß, er weiß, dass er nun Dinge zu hören bekommt, die er nicht hören will.

Fast eine Stunde.

Simon wappnet sich.

Er hat etwas zu verteidigen.

Vage Sehnsucht, kleine Wünsche, Himmelblaues und Leichtes, etwas wie Apfelbäume und sonniges Spätsommerwetter.

»Glaubst du ihr eigentlich? Ich meine glaubst du, dass sie echt ist?«

»ECHT? Du meinst Carla? Du meinst, ob Carla echt ist …?«

»Ja, das möchte ich gerne wissen, ich möchte wissen, ob du ihre penetrant gute Laune für echt hältst.«

»Ähm, ja nun … Ja, ich denke schon, ja, echt, aber ich kenne sie eigentlich nicht so gut …«

»Sie IST echt. Sie ist so echt, wie irgendjemand oder irgendetwas überhaupt nur sein kann. Sie ist genauso, wie sie sich gibt, sie ist so, wie du und alle anderen sie kennen, genau so ist sie und zwar IMMER. Verstehst du, was ich meine? Immer und immer und immer. Immer Lächeln und immer alles ist gut und immer das Leben ist schön. IMMER!

Weißt du, was das bedeutet? Kannst du dir auch nur ansatzweise vorstellen, wie das ist, tagtäglich, jahrein, jahraus, mit einem Menschen zu leben, der ein rosarot verklebtes Hirn hat?«

Simon rutscht auf seinem Hocker hin und her, dann nimmt er einen Schluck Bier.

»Verstehst du, was ich meine?«, fragt Hugo noch einmal.

»Ich mag sie sehr gerne, deine Frau, aber ich kenne sie wirklich kaum …«

»Du magst sie sehr gerne … Soso, ach komm schon, du Meisteroptiker, gib's doch zu, du bist verknallt in sie, du bist genauso in sie verknallt wie alle anderen in diesem Laden hier, voll am Wickel hat die dich mit ihrer ach so sonnigen Art. Immer positiv denken und immer fröhlich, wegen nix und wieder nix, immer Gutelaunezeugs von sich geben, das gefällt euch, nicht wahr? Aber ich sag's dir: Die macht dich WAHNSINNIG, die reduziert dir die ganze Welt auf die einzige Farbe, die sie selber kennt und weißt du, was das Allerschlimmste ist? Sie glaubt niemandem außer sich selbst, die ist resistent gegen Probleme und Scheißdreck aller Art, denn die macht aus allem das Beste, die bügelt dir alles platt und glatt, die malt sich die Lippen rot und lächelt damit die Wahrheit in Grund und Boden … Alle lieben Carla und keiner begreift …«

»Entschuldige mich bitte einen Moment«, sagt Simon.

Steif steigt er vom Hocker.

Müde, wie ein alter Mann kommt er sich vor, als er in Richtung der Toiletten geht.

»Verstehst du, was ich meine?«, ruft Hugo ihm hinterher. Es hört sich bittend an.

Aber Simon antwortet nicht, sondern verschwindet hinter der Tür der Herrentoilette.

Dann steht er am Pinkelbecken und starrt auf die gekachelte Wand dahinter.

Die Fliesen sind weiß und quadratisch. An etlichen Stellen sind die Fugen schadhaft. Und nun entdeckt er doch tatsächlich einen kleinen Sprung in einer der Fliesen. Ein merkwürdig geformter Sprung ist das. Wie ein Kamel sieht der aus, der Sprung in der weißen Fliese der Herrentoilette des Lehmanns.

Vielleicht aber auch weniger ein Kamel, als vielmehr eine sanfte Hügelkette? Ja, eine sanfte Hügelkette ist das, ganz eindeutig. Wie, warum und wann ist dieser hügelkettenförmige Sprung nur hier direkt über dem Pinkelbecken entstanden?

Je länger er darüber nachdenkt, desto vieldeutiger, ja geheimnisvoller erscheint ihm alles.

Als er wieder zurück in den Gastraum kommt, sitzt nicht Hugo am Tresen, sondern eine Frau mit großer Sonnenbrille.

Auf den zweiten Blick erkennt er Carla.

Sie lächelt ihm zu.

Aber es ist kein Carlalächeln.

Ihr Mund ist auch nicht rot, sondern blass.

Hugo kommt aus der Schwingtür zur Küche. Einen dampfenden Teller hat er in der Hand, stellt ihn vor seine Frau auf die Theke. »Es ist nur das Artischocken-Gorgonzola-Risotto von gestern, aber ich hoffe, es wird dir trotzdem schmecken.«

»Bestimmt«, sagt Carla und steht auf, um sich Besteck und Serviette zu holen.

»Nimm doch hier drinnen die Brille ab«, sagt Hugo, »du kannst ja sonst noch nicht einmal sehen, was du isst.« Carla setzt sich mit ihrem Besteck wieder auf den Barhocker und nimmt zögernd die Sonnenbrille ab. Dann fängt sie an zu essen.

»Ich bin gestolpert«, sagt sie mit vollem Mund.

»Ja«, sagt Hugo, »sie ist gestolpert.«

»Es ist nicht schlimm«, sagt Carla.

Iris Schmidt

Das Trainingslager

Wir trugen Trainingsanzüge aus weißem Baumwollstoff, meine Sportkameraden und ich. Wir waren jung und lebenshungrig, und wenn wir barfuß über den Strand liefen, waren wir ein Rudel von halbwüchsigen Schneeleoparden, das zwischen den Dünen der Insel auf die Jagd geht. Die Stimme des Trainers gab den Takt vor, in dem unsere Herzen schlugen, und kamen wir abends von der Halle zurück zur Jugendherberge, waren wir Gespensterchen, die durch die Nacht huschten, phosphoreszierend im kalten Mondlicht. In den Trainingspausen kauften wir uns Schokolade mit Nüssen oder mit Marzipan am Kiosk der Jugendherberge, und Negerküsse kauften wir uns, die wir zwischen Brötchenhälften zerdrückten. Dann stopften wir alles in uns hinein, heißhungrig auf Zucker, auf Energie. In den Trainingspausen lagen wir auch auf unseren Betten und schauten durch das Fenster in den silbernen Frühlingshimmel, der über der Insel hing, und die Musik, die aus den Kopfhörern unseres Walkman kam, verlangsamte ein wenig den Schlag unserer Herzen.

Ich lief mit dem Wind um die Wette, ich schmeckte Salz auf meinen Lippen, und manchmal schmeckte ich Blut, und das Einzige, was ich von der Welt wusste, war, dass ich atmen musste, um am Leben zu bleiben.

Haut, die sich über den Muskeln spannte. Atmen, das ein Keuchen wurde. Als sich die verrinnende Zeit auf der Stoppuhr gleich einer Schlinge um meinen Hals legte. Neun Minuten, mein Atem musste reichen für die nächsten neun Minuten. Körper, der glänzte von Schweiß. Muskeln, die schwollen von Blut. Blut, das heiß und schäumend war.

Wir trugen weiße Trainingsanzüge und waren Schneeleoparden und Gespenster, und manchmal waren wir auch Schmetterlinge, die über den Boden der Judohalle tanzten wie über eine frühlingsgrüne Wiese, und wenn sich die Schlinge der Zeit auf der Stoppuhr dann immer enger um unsere Kehle zog, begannen wir flimmernde Lichter zu sehen, als blickten wir direkt in einen Sonnenstrahl. Bis wir schließlich taumelnd zu Boden sanken vor Erschöpfung, als hätte uns jemand den feinen Staub von den Flügeln gewischt. Dann fraßen wir hungriger denn je beim Abendbrot unsere Teller leer, gierig wie Raubtiere.

Acht Gespensterchen waren wir und schliefen in zwei Zimmern, und ich schlief in einem der beiden unteren Doppelstockbetten, und manchmal träumte ich nachts, dass sich die Matratze über mir herabwölben würde, als läge ein großes Gewicht darin. Die Matratze würde mich niederdrücken, würde sich schwer auf meinen Brustkorb legen und mir den Atem aus den Lungen pressen. Und wenn ich dann aufwachte, wusste ich, dass über mir nur das leichteste der Gespenster lag. Denn wir waren wie die Orgelpfeifen, meine Sportkameraden und ich, und jeder pfiff an seinem Platz, bis eine Melodie entstand, die im Takt der Stimme des Trainers klang.

Das kleinste der Gespenster schlief nachts in dem Bett über mir, und es hatte Augen so rund wie Murmeln, und wenn sich die Lider über seinen Augen schlossen, waren sie violett wie eine Blume. Das größte der Gespenster wohnte in dem anderen Zimmer, und seine Haut war wie aus Milch. In dem anderen Zimmer hörte man auch die Musik von Klaus Lage und in unserem Zimmer hörte man die Musik von Herbert Grönemeyer, und wir skandierten die Vornamen der Sänger um die Wette, wessen Musik wohl die Beste sei.

Einmal machten wir einen Ausflug hinüber zur Hallig Hooge, und als wir von der Fähre zurück in Richtung Strand blickten, erkannten wir einige Zelte in den Dünen, nicht unähnlich großen, exotischen Blumen, eisgrau, oder seltsamen Kürbisgewächsen. In einem Zelt ist das Licht so dämmrig wie auf dem Grund des Meeres, und der Wind, der jetzt über das Deck blies, war rau und eisig. Ich stand an der Reling und band mir mein Haar zu einem Zopf. Mein Haar war vom Salz ganz stumpf geworden, und die Strähnen wehten heraus und kitzelten mich an den Wangen, an der Nase, dass ich ganz ärgerlich wurde und mir die Strähnen am liebsten gleich abgeschnitten hätte. Das kleinste der Gespenster hörte die ganze Fahrt über Walkman und sang dazu so falsch, dass es zum Himmel schrie. Das größte der Gespenster schmierte sich unentwegt die Lippen dick mit einem Labellostift ein und leckte die Cremeschicht gleich wieder herunter. Seine Lippen waren so rosa wie das Innere einer Muschel.

Auf der Hallig wurde der Wind dann zu einer Wand und wir wurden zu einer Schar Gänschen, die hinter dem Trainer herlief, dessen Worte jetzt auf den Böen ritten wie ein Kinderdrachen, nur sein Mund bewegte sich stumm, ähnlich dem Maul eines Fisches.

Morgen Nachmittag, rief mir das kleinste der Gespenster ins linke Ohr, gehen wir an den Strand zu den Zelten. Morgen Nachmittag, rief mir das größte der Gespenster ins rechte Ohr, finden wir heraus, wer dort am Strand wohnt.

Im Andenkenladen auf der Werft kaufte ich mir eine Postkarte, darauf war der Himmel schwefelgelb und die Wellen darunter trugen Kronen aus schmutzigem Meeresschaum. Und ich stellte mir vor, dass ich auf dem Grund der salzigen Nordsee liegen würde, wie in dem Kokon eines Zeltes, und ich ließe unzählige silberhelle Atemperlen aus meinem Mund hinauf zum Sonnenlicht steigen.

Der Takt unserer Herzen war wilder als der Takt der Musik, die wir liebten, das Rauschen des Blutes in unseren Ohren lauter als das Rauschen der Gewitterstürme, die über die Insel Föhr tobten, unser Blut floss schneller als die Tidenströme in den Fahrrinnen des Wattenmeeres, und unsere Körper waren wie sich im Wind bauschende Segel. Bei jeder Böe fuhren uns Schmerzen hinein, als hätte man uns durchgeprügelt wie ein Stück Blech unter dem Hammer eines Schmiedes. Als der Schmerz dann nachließ, verwandelten wir uns in Lämmer, die ihre Kapriolen schlugen auf den fetten Frühlingswiesen, oder wir trieben umher, ähnlich den fedrigen Schirmchen des Löwenzahns. Wir schienen uns fortan zu bewegen, ohne die Muskeln anzuspannen, und die kalte Luft, die über dem Meer hing, zog lange Atemfahnen aus unseren Mündern. Bewegter Atem, der Luft bewegt, Atem, der Luft ist und Feuchtigkeit.

Die Jungen, die im Dünensand zwischen den Zelten standen, hatten ihre Neoprenanzüge bis zu den Hüften heruntergelassen und ihre Muskeln waren beeindruckend. Die Jungen hielten auch ihre Windmesser in die Luft, sprachen von Beaufort und hielten Ausschau nach den Schaumkronen, die auf den Wellen des Meeres tanzten. Dann fassten sie ihr Rigg und eine Brise ergriff es, und sie verwandelten sich in Sturmvögel, die auf den Windstößen und der Thermik glitten, bis die schaumige Gischt hoch aufspritzte vor ihrem Bug.

Jeden Tag nach dem Training gingen wir jetzt zu den Zelten und sahen den Jungen beim Windsurfen zu, oder wir saßen zusammen in ihrem Wohnmobil, aßen Vla aus Tetrapaks und hörten laut Musik. Dann hingen die Anzüge der Jungen wie leere Schlangenhäute am Dach des Fahrzeugs, und manchmal war das Meer schwarz und glatt wie ein Tuch, und ich wünschte mir, das Leben würde immer so sein, so groß und schön und feierlich.

Dann fing es noch einmal an zu schneien, am Abend des zweiten Osterfeiertages, und es wurde kalt, so kalt, wie nichts, was vorher gewesen war. Und das kleinste der Gespenster hielt es nicht mehr aus vor Kälte und zusammen mit einem der Jungen ging es fort. Sie liefen vom Zeltplatz hinüber zu den Wohncontainern und dort brachen sie eines der

Schlösser auf. Dann stellten sie das Gas an und die Schneeflocken, die sich auf die Fensterscheiben setzten, begannen sofort zu schmelzen; und das Licht im Inneren leuchtete schön, in der Farbe von Bernstein.

Ich glaube, Bernd liebt Thea, sagte Matthias, als ich zu ihm in den Schlafsack kroch, der eigentlich aus zwei übereinandergestülpten Schlafsäcken bestand, seinem und Bernds, und ich glaube, ich liebe dich, dachte ich. Wir lagen in seinem Zelt, warm wie in einem Nest, und draußen fauchte der Wind, und ich spürte Matthias' fächelnden Atem an meiner Stirn.

Die Tage vergingen und ich verlor das Gefühl für die Zeit, die verging, und das Ende der Ferien nahte. Eines Nachmittags dann, als ich nach dem Training hinunter zum Strand kam, sah ich, dass die Zelte fort waren, das Wohnmobil, die Jungen mit den Surfbrettern, und ich wusste, die Zeit der Vorbereitung war vorbei. Der Sommer würde kommen, die Touristen, Hitze und laue Winde. Wir würden heimfahren und auf Meisterschaften kämpfen, um Sieg oder Niederlage; und Medaillen und Urkunden würden die Wände unserer Zimmer schmücken. Vielleicht würden wir wiederkommen im nächsten Frühjahr, um zu trainieren, und vielleicht würden erneut die Jungen mit den Surfbrettern da sein; wir würden zusammen in ihrem Wohnmobil sitzen, Vla aus Tetrapaks essen und laut Musik hören, und das Leben würde schön sein, groß und feierlich.

Das Meer war ganz aus grauem Samt heute. Ich lief am Ufer entlang, ich spürte mein Keuchen in den Schläfen, in der Kehle.

Mit dem Wind lief ich um die Wette, ich schmeckte Salz auf meinen Lippen und manchmal schmeckte ich Blut, und jetzt sah ich das Meer, sah die Dünung, die auf den Strand auflief und zurückwich, bis der Rhythmus der Wellen zum Rhythmus meines Herzens geworden war.

Ich atmete ein und atmete aus.

Peter Schwendele

Gutachteralltag

Ich bin pünktlich auf die Minute. Wie immer. Die Klingel produziert einen Ton, als würde sie Vogelgezwitscher imitieren. Noch einmal streiche ich meinen makellos geschnittenen Zweireiher zurecht. Seriosität ist das Wichtigste in meinem Beruf, man muss den Anschein absoluter Vertrauenswürdigkeit erwecken. Das hat nichts mit emotionaler Kälte zu tun, im Gegenteil, es ist sogar notwendig, gleichzeitig den Eindruck des Anteilnehmens am persönlichen Schicksal, so banal es auch sein mag, vermitteln zu können, will man die potentielle Auftraggeberin an sich binden. Doch ein Gutachter, der auch nur im Geringsten flapsig auftritt oder Lässigkeit als Stilmerkmal seiner Person zur Schau stellt, ist fehl am Platz; das gilt für meine Branche vermutlich noch viel mehr als für jede andere. Dieses Prinzip des seriösen Auftretens beherzige ich immer, bei jedem Termin, ganz egal wie ich mich fühle.

Sie öffnet die Tür des Bungalows, der inmitten einer Gartenanlage vom Ausmaß eines Stadtstaats liegt, und nimmt nicht ohne Freude den Farbtupfer aus Blumen zur Kenntnis, den ich ihr mit einer knappen Verbeugung entgegenstrecke. Zum Erstgespräch bringe ich meinen Klientinnen immer Blumen mit; das kommt gut an. Selbst wenn sie, wie in den meisten Fällen, alles besitzen, was ihr Herz nie wirklich begehrt hat, von voluminösen Kronleuchtern bis zur elektrisch angetriebenen Toastbutterung, so beschränkt sich ihr Reichtum doch ausschließlich auf das Materielle, und in allem, was darüber hinausgeht, herrscht extreme Dürre. Davon kann ich ausgehen, weil sie mich sonst kaum angerufen hätten. Sie wollen, dass ich ihnen helfe, und sie sind bereit, üppige Honorare dafür zu zahlen. Sie hinterfragen nicht, ob ich ihnen eine wirkliche Hilfe bin oder ob ich letztlich nur ihre Wahrnehmung der Realität beeinflusse.

In der Regel sage ich ihnen, während die Blumen von meiner Hand in ihre wandern, dass lebendige Schönheiten wie sie es verdienen, von ebenso lebendiger Schönheit umgeben zu sein. Heute, bei ihr, fällt es mir schwerer als zuletzt, meinen Standardsatz flüssig und ohne den Anschein falscher Einschmeichelei zum Einsatz zu bringen. Nicht weil sie besonders hässlich wäre. Sie ist blond gelockt, leidlich schlank, frühes Mittelalter, schätze ich, erstaunlicherweise noch ohne botoxverseuchte Zonen im Gesicht. Da habe ich schon weitaus Schlimmeres betreut. Sie strahlt etwas Verletzliches aus, sage ich, nach einer Erklärung suchend, zu mir selbst, während sie mich ins Wohnzimmer führt, durch das der Lammfellteppich wie durch eine weiße Steppe wallt. Aber tun das nicht die meisten in ihrer Situation? Das Gefühl setzt sich fest, dass es an mir liegt, dass ich des Jonglierens mit wohlfeilen Worten müde bin, dass ich die Vorhersehbarkeit des Ganzen leid bin, dass ich die ewige Schönfärberei einfach nicht mehr ertragen kann. Aber wer hat schon jemals von einem Gutachter mit Burn-Out gehört? Mühsam reiße ich mich zusammen. Ich kann es mir nicht leisten, Trübsal zu blasen, sondern habe von Berufs wegen Optimist zu sein.

Ich nehme ihr Angebot an, einen selbstgebrühten Darjeeling zu trinken, verzichte aber auf »ein winziges Schüsschen«, das sie sich genehmigt und das dann eher wie eine Kanonenkugel in ihrer Tasse einschlägt. Ich versuche mich auf ihre Geschichte zu konzentrieren, die sie mit anfangs erträglichem Hysterieanteil vor mir ausbreitet, die allerdings alles andere als außergewöhnlich ist. Meist läuft es ohnehin auf dasselbe hinaus: Die Kinder sind entfleucht, das Berufsleben liegt vernebelt weit, weit in der Vergangenheit, die Anti-Falten-Creme ist schon wieder alle, kurz: Das Leben wird über die eigene Bedeutungslosigkeit definiert. Und dann hat der Mann, der ohnehin nie zu Hause ist, auch noch eine Jüngere, wie sie jetzt herausgefunden hat.

Mitgefühl in meine Stimme legend frage ich sie, ob sie schon bei einem Anwalt war.

»Nein«, sagt sie und kann die Tränen kaum noch zurückhalten. »Ich wollte erst noch warten und mir Rat holen.«

Das ist nicht untypisch in ihren Kreisen. Bis vor Kurzem schleppte man sich in solchen Situationen früher oder später zu einem kühl-professionellen Scheidungsanwalt, mittlerweile holt man sich gern zuerst Leute wie mich ins Haus. Leute, die den Sprung ins kalte Wasser zu einer Art Hineingleiten in eine warme Badewanne abmildern sollen. Tatsächlich bin ich mehr als ein Anwalt, obwohl ich nur ein paar Semester Jura studiert habe, bevor ich vor zwei Jahren auf die Marktlücke aufmerksam wurde. Ich beleuchte ihre Situation nicht nur von der rechtlichen Seite, ich prüfe nicht nur, ob ein Ehevertrag vorhanden ist und wenn ja, welche Qualität er hat, schätze nicht nur ein, wer welchen Teil vom Besitz in Anspruch nehmen kann, schlage nicht nur vor, wie der Umgang mit den Kindern am besten organisiert wird, konzentriere mich also nicht ausschließlich auf die finanzielle und die familiäre Seite. Nein, ich betrachte die gesamte Lage meiner Klientinnen, durchforste ihr komplettes Dasein, prüfe jeden Winkel ihrer Existenz, ziehe Freunde, Bekannte und Verwandte hinzu, betrachte ihre Geschichte aus psychologischer Perspektive, arbeite gesundheitliche Aspekte ein, lasse auch moralische Punkte einfließen, wenn sie der Sache dienlich sind. Aus all dem lasse ich ein ganzheitliches Bild entstehen, analysiere den Ist-Zustand ihres Lebens, fasse zusammen, verbinde, vergleiche, werte aus, und, am Allerwichtigsten: blicke am Schluss optimistisch nach vorn.

Das hört sich fast wie Kunst an, denke ich sarkastisch, während sie mir Tee nachschenkt. Schließlich ist Kunst immer auch ein Stück weit Manipulation der Realität, oder etwa nicht? Fakt ist: Meine Arbeiten haben Konjunktur. Sie und ihre Freundinnen sind die beste Kundschaft meines Unternehmens »Zukunftsmanagement für Anspruchsvolle«, kurz »ZUMA«. Wohlhabende, ahnungslose, bemitleidenswerte Frauen. »Lebens- und Zukunftsgutachten« nenne ich die Produkte, die ich für sie erstelle und ihnen verkaufe, und es kommt mir manchmal so vor, als würden sie sie mir aus den Händen reißen. Diese Art Frauen mittleren Alters lechzen geradezu nach meiner Interpretation ihres Daseins, sie gieren nach einer Gesamtschau ihres Lebens, die ihnen gewogen ist, sie wollen bestätigt und besiegelt haben, dass es für sie, und zwar so wie sie sind, einen Weg in eine positive Zukunft gibt. Und diesen Weg ebne ich ihnen – scheinbar. Doch im Grunde weiß ich, dass ich mit schuld daran bin, wenn sie hinterher stolpern und stürzen.

»Ich kann nicht einmal mehr in den Tennisclub«, sagt sie schniefend, »weil ich glaube, dass alle es schon längst wissen. Ich habe das Gefühl, sie tuscheln hinter meinem Rücken und lachen mich aus.«

Ich ringe mir ein paar verständnisvoll klingende Standardsätze ab und mache mir auf meinem iPad eine Notiz: »Tennisclub einarbeiten«. Den eigenen Anteil an ihrer verkorksten Lage reflektiert sie keine Sekunde. Während sie redet und redet, wandert mein Blick durch den Raum, über die sicher sündhaft teuren Ergebnisse moderner Malerei, die aus den protzigen Rahmen quellen wollen, über die bauchigen, glänzenden Vasen, die aus einem exotischen Land welchen Namens auch immer stammen. Sie sind auf Glastischchen drapiert, verlieren sich in der Weite, in der wir sitzen, und rauben dennoch jeglichem Anklang von eigenständigem Dasein, von Individualität, von Echtheit die Chance, sich einen Platz zu schaffen. Es ist ein Inferno der Unpersönlichkeit.

Mir wird klar, dass ich den langweiligsten Beruf der Welt habe. Bis meine Gutachten stehen, bilde ich mir gern ein, ich müsse alles für meine Klientinnen sein: Arzt, Anwalt, Priester. Aber im Grunde bin ich nur ein einfacher Handwerker, ich verrichte simple Handgriffe, nehme, was sich mir bietet, hacke Ecken und Kanten ab, presse es zusammen, färbe es ein. In Wirklichkeit gieße ich bei jedem Fall alles, was ich erfahre, in die ewig gleiche Form und binde am Schluss eine hübsche Schleife drum herum. So werde ich es auch diesmal machen.

»Wissen Sie«, sagt sie und leert ihren nächsten Tee mit Schuss, »meine Freundinnen haben mir auch gesagt, dass ich eigentlich irgendwie schon eine starke Persönlichkeit bin, und dass es mit Hans keine Zukunft mehr hat, selbst wenn dabei so viel verloren geht …« Sie ist kurz vorm Schluchzen. »Aber ich wollte es eben auch einmal von einem neutralen Standpunkt aus hören.«

Neutral, dass ich nicht lache! Es gibt praktisch niemanden, der bei dieser Sache weniger neutral ist als ich. Jedes Kind weiß, dass das Gutachtergeschäft von Natur aus ein fragwürdiges ist. Egal, wie die Fakten aussehen, man kann sie immer drehen und wenden. Man darf, ja man soll sie bewerten, und zwar so, dass am Schluss das dabei herauskommt, was der Auftraggeber erwartet. So lautet die unausgesprochene Abmachung. Menschen, die ein Gutachten bestellen, wollen lesen, dass ihre Sicht der Dinge die richtige, die einzig wahre ist. Deshalb weiß ich bei all meinen Fällen bereits am Anfang, wie das Bild am Ende aussehen wird: ziemlich rosarot. Nicht übertrieben, nicht so überzeichnet wie ihre mit Schminke belegten, sich nach Jugendlichkeit verzehrenden Gesichter, eher dezent, damit es auch beim zweiten und dritten Betrachten nicht künstlich wirkt, aber immer ansprechend, so dass sie sich in die Färbung verlieben, vernarren.

Ich gestehe mir ein, dass das keine Leistung ist; es ist nur dröges, stets gleichförmiges Tun. Ich bin nicht einmal ein Handwerker, bin letztendlich nur ein biederer Anstreicher, der ständig mit einem Eimer Farbe in der Hand herumläuft, um alles, was er zu hören und zu sehen bekommt, rosa zu übertünchen.

Als die zweite Kanne Tee leer ist und auch der Cognac langsam zur Neige geht, erkläre ich ihr lahm, dass ich noch einige weitere Gespräche mit ihr führen müsse, auch mit ihren Bekannten und Verwandten, auch mit ihrem Mann, um schließlich ein abgerundetes Bild zu bekommen. Sie nickt, versucht zu lächeln.

An der Tür legt sie ihre Arme um mich, ein bisschen zu lange, ein bisschen zu fest, und schmiegt ihre Wange an meinen Bart.

»Ich weiß nicht, wie ich Ihnen danken soll«, sagt sie.

»Noch habe ich nichts getan«, antworte ich, »aber wir werden das Kind schon schaukeln.«

Ich fühle mich schuldig, obwohl sie dumm ist, dumm wie die meisten. Wie gerne würde ich ihr die Wahrheit sagen. Ich habe es satt, sie zu belügen, sie alle zu belügen. Aber was soll ich machen, so ist nun mal der Job.

Christoph Steier

Travelite

»Morgen gehen wir ins Hotel.« Malte lehnt sich aus dem Fenster, in dem ich meine erste Zigarette geraucht habe, und schaut in die beleuchteten Fenster gegenüber. »Ich kriege hier keine Luft.«

»Vielleicht hilft das?« Ich halte ihm den Bardolino hin, den wir vor zwanzig Stunden im Bostoner Duty Free gekauft haben.

»Auf eine schlaflose Nacht«, sagt Malte und dreht den Schraubverschluss auf. »Korkt.«

Ich muss lachen und lasse mich auf mein altes Schlafsofa fallen. Draußen gehen die Laternen aus. Das Licht an den Wänden leuchtet anders, seit die Leute gegenüber Flatscreens haben.

Es ist alles ein Irrtum. Von vorne bis hinten ein Irrtum. Das Eis auf den Rollfeldern, der gestrichene Anschluss nach Tallinn, der Geruch des Teppichs, die Kirmesrose auf dem Schrank, mein Malte in dem schäbigen Fenster. Und erst recht dieser Koffer. Mamas Geschenk. Schwarz und fett, die Ecken mit braunem Kunstleder verstärkt, steht er mitten im Zimmer. »Travelite«, sagt das Logo und ich bin nicht sicher, ob das ein gutes oder ein schlechtes oder gar kein Wortspiel ist. Am ausgezogenen Griff steckt die Bordtasche im gleichen Design. Noch mal dreißig Euro, die Mama nicht hat. Alles für die Katz, alles für mich.

»Weil du doch jetzt so viel reist«, hat sie beim Kaffee gesagt und hoffentlich nicht gesehen, wie Malte sich das Lachen verkniff, als sie hinterherschickte, mein verbeultes Blechding könne dann ja gleich hier bleiben. Den Rimowa hat mir Malte nach unserer ersten gemeinsamen Reise geschenkt. Da waren wir noch kein Paar, nur ein Team, doch mein Touristenkoffer von Hertie ging so oder so nicht.

Seitdem hat mich der Rimowa fünf Mal um den Globus begleitet. Längst brauche ich keinen Anhänger mehr, um ihn auf dem Rollband sofort zu erkennen. Und noch nie, nie sind wir irgendwo über Nacht gestrandet. Unser Stundensatz ist zu hoch, als dass die Firma nicht jemanden schicken würde.

Doch nun das. Zwischen Boston und Tallinn liegt, auf keinem Flugplan verzeichnet, diese Siedlung. Meine Heimat. Geheimat träfe es besser – nicht mal Malte weiß, von wie weit her ich wirklich komme. Und dabei hätte es auch bleiben sollen: Ankunft aus Boston um 9.40, Anschluss nach Tallinn um 18.20. Zeit, Zeitdruck genug für den lange aufgeschobenen Abstecher zu Mama. Der mir Weihnachten freihalten würde. Also buchte ich einen Wagen und Malte für sechs Stunden im Day Spa ein. An dessen Schwelle ihm dann einfiel, nach so langer Zeit müsse er doch endlich meine Mutter kennen lernen. So schlimm könne es ja nicht sein. Widerspruch zwecklos, drei Stunden später saßen wir im Wohnzimmer bei Tütenkeksen und Instantkaffee. Und kaum war die Zeit glimpflich verstrichen, rief die Firma an und nannte das Hotel, in dem wir unser Office einrichten sollten. Europa würde noch mindestens vier bis fünf Tage auf Eis liegen, sagte die Stimme am Telefon, »better get there fast and safe.« Malte stand auf, murmelte etwas von Wagen vorheizen und verschwand.

Meine Mutter zeigte auf den Fernseher, der schon die ganze Zeit ohne Ton lief. Auf den Autobahnen, die noch nicht gesperrt waren, wurden die Leute mit Kaffee und Decken versorgt. Kurz darauf polterte Malte ins Zimmer, den Mantel voll Schnee. »Blitzeis«, fluchte er. »Wenigstens habe ich das Gepäck.«

Der Abend wurde erträglicher als gedacht. Malte ließ sich den Maracujasekt ebenso gefallen wie das Graubrot vom Vortag mit fettigem Zuchtlachs. Geduldig erklärte er Mama die fünf Kaizen-Prinzipien, die unsere Beratung bestimmten, und lobte meine Arbeit in den Himmel. Ich schaltete ab und sah Mama zum ersten Mal in Ruhe an. Sie war schmal geworden, vielleicht war aber auch nur der Pulli zu groß. Unauffällig suchte ich das Zimmer nach den Geschenken ab, die ich in den letzten Jahren geschickt hatte. Außer dem digitalen Bilderrahmen entdeckte ich nichts.

Nach einer Weile dankte Mama Malte für seine Erklärungen und unterdrückte ein Gähnen. »Da fahren Sie also mit meiner Tochter durch die Welt und bringen den Leuten Ordnung bei. Scheint sich zu lohnen.«

Meinte sie das ernst? »Um ehrlich zu sein, geht es vor allem um den ersten Schritt. Um Seiri, das Wegwerfen. Die Leute trennen sich nicht gern, da braucht es den Blick von außen.«

»Verstehe.« Mama nickte und schwieg. Malte nutzte die Pause und verabschiedete sich unter die Dusche.

Ich stand ebenfalls auf, aber Mama nahm mir das Geschirr aus der Hand und zog mich zum Sofa. Ehe ich mich setzte, fuhr sie mit der Hand über die Polster. »Schöne Jacke.«

In ihrer Stimme war kein Spott, doch ich fühlte mich schon wieder provoziert. Wegen Tallinn trug ich schon den Dresscode East. Rosa Bluse, graues Kostüm, Absätze flach. Blau und Schwarz stehen mir besser, aber für Russland und den Balkan gibt es nun mal Regeln.

»Danke.«

Mama zupfte mir ein Haar vom Ärmel und berührte dabei meinen Bauch. »Ein sehr netter Mann, dein Malte.«

»Ja, ein Glücksfall. Wir kennen uns eigentlich schon seit zehn Jahren. Na ja, wir waren immer viel unterwegs.«

»Geschieden?«

»Nächstes Jahr.«

Mama nickte und zog ein Knie unter den Po. »Klare Verhältnisse, achte darauf. Auch wegen der Zukunft.«

»Mama, ich bin sechsunddreißig. – Und für klare Verhältnisse sorge ich schon von Berufs wegen.«

»Das weiß ich doch. Kinder?«

»Zwei. Ihr Stiefvater will sie adoptieren, Malte überlegt noch. Aber Schwamm drüber, das geht alles seinen Weg. Und bei dir? Abgenommen hast du.«

Mama zog das Knie unters Kinn. »Danke. Die AWO bietet jetzt Walking an. Hinten in der Allmend.«

»Hast du Stöcke?«

»Haben die alles da, wird zur Verfügung gestellt.«

»Wir könnten morgen welche kaufen gehen. Die müssen richtig passen.«

Ich sah, wie Mama den Kopf schütteln wollte, sich dann aber eines Besseren besann. »In Ordnung. Wenn es dir nicht zur Last fällt.«

Wir saßen schweigend, erst nach einer Weile fiel mir auf, dass der Fernseher nicht lief. »Schauen wir gerade noch Wetter, ja?« Aber Mama war schon eingenickt.

»Morgen machen wir das also mit den Stöcken«, sagte ich nach einer halben Stunde, als Mamas Atem flacher wurde. »Und jetzt schicke ich dich ins Bett.«

»Bist du glücklich?«

»Bin ich Mama, bin ich.« Ich versuchte, nicht an den neuen Zweisitzer zu denken, den Malte vor einigen Wochen bestellt hatte.

»Und morgen seid ihr wirklich noch hier?«

Zehn Minuten später schleiche ich ins Zimmer und Malte sagt: »Morgen gehen wir ins Hotel.« Und ich drücke ihm den Bardolino in die Hand und weiß, dass ihn das milde, aber nicht umstimmen wird. Genauso wenig wie die Liebe, die wir kurz darauf zu den Fernsehgeräuschen der Nachbarn machen; genauso wenig wie die zweite Flasche, die wir danach im Liegen trinken und deren Rest sich über Maltes Koffer ergießt, als er sie vom Nachttisch fegt. Malte flucht und brummt, ich solle liegen bleiben. Aber die Hemden sind voll und Russen mögen Rosa, aber nur bei Frauen, nicht bei nackten Männern auf Skype.

Aus Gewohnheit schaue ich noch im Bad vorbei. Mamas Wäschekorb ist beinahe leer, nur ein Handtuch liegt am Boden. Ich werfe unser Knäuel darauf und nehme den Bademantel vom Haken. Draußen im Flur flackert das Licht, vor dem Fahrstuhl habe ich immer noch Angst und nehme die Treppe.

In der Waschküche riecht es wie früher. Über den halb geöffneten Maschinen liegen dieselben verwaschenen Tücher wie vor zwanzig Jahren. Am Schrank mit den Münzautomaten hängt der Schlüssel wie eh und je am Nagel. Als Jugendliche habe ich mich gegen die Idiotie gewehrt, den Schlüssel nach jedem Waschgang abzuziehen und wieder aufzuhängen. Bis Mama mich anflehte, es einfach wie alle zu machen: In einer Hausgemeinschaft gehöre sich nun mal, was sich gehört. Ich denke an Malte, der sagen würde, Beratungsresistenz sei eben das Merkmal überfälliger Systeme. Vielleicht würde er auch lachen und sagen, hier in diesem Keller sei also meine Berufswahl gefallen. Kann sein, aber raus wollte ich eigentlich schon immer, denke ich und lasse den Schlüssel in der Tasche verschwinden.

Maltes Sachen füllen kaum die halbe Trommel. Mamas Handtuch entpuppt sich als Knäuel, das unbesehen in die Maschine wandert. So bleibt mir noch ein Intensivwaschgang Zeit, ehe ich beim Umräumen in den Trockner die Bescherung entdecke. Mamas Knäuel ist kein Knäuel geblieben, und sein Inhalt sorgt dafür, dass ich auch die Trockenzeit im Waschkeller verbringe. Und den Schlüssel dann doch wieder an den Haken hänge.

Niemand hat etwas gemerkt. Malte nicht, wie spät ich ins Bett kam. Mama nicht, dass ihr Knäuel wieder an seinem Platz liegt, als wäre nichts geschehen. Trocken, drei Mal über den Kellerboden gerieben. Ich nicht, was seit mindestens einem Jahr läuft.

Die Uhr im Flur schlägt halb zwölf, draußen hupt der Fahrer. Die Firma hat ihn geschickt, er kommt mit Vierradantrieb und Ketten. Die Straßen sind leer, in der Nacht haben auch die Trams den Betrieb eingestellt. Die Stöcke haben wir im Internet bestellt, der Mietwagen wird beim nächsten Tauwetter abgeholt. Alles erledigt.

»Wie schön, dass ihr da wart«, sagt Mama zum Abschied und fasst mich bei den Schultern. Um ein Haar hätte ich sie gedrückt. »Gute Reise.«

»Dir auch«, sage ich und schiebe den sperrigen schwarzen Koffer in den Flur. »Das Blechding stell' erstmal in den Keller, ja?«

»Nun aber los«, nickt Mama und winkt den Fahrer heran. Der nimmt die Koffer, zieht sie zum Wagen und wuchtet sie in den Kofferraum. Malte und ich schliddern hinterher, hintereinander weg auf dem dünnen Eis, jeder für sich. Hinter uns fällt die Tür ins Schloss und ich versuche, nicht an die Straßen vor uns zu denken und schon gar nicht an die Prothese in Mamas BH, hautfarben, nass und schwer in einer viel zu kurzen Nacht.

Der Wagen startet, ich wende mich noch einmal um und sehe einen Schatten im Fenster. Die Reifen drehen durch, ein paar Mal, dann greifen sie, ich lasse die Scheibe herunter, winke und bete in die kalte Luft, durch die wir ein paar Tage später wieder fliegen, dass sie wirklich will, immer gewollt hat, dass ich gehe.

Dorothee Kimmich / Philipp Alexander Ostrowicz

Rosa ist das Grau der Optimisten. Ein Nachwort

Bereits in ihrer zweiten Vorlesung im Rahmen der Tübinger Poetik-Dozentur 2010 hatte Juli Zeh den Satz »Rosa ist das Grau der Optimisten« verwendet, bevor sie ihn am letzten Tag der Dozentur als Thema für den 22. Würth-Literaturpreis auswählte. Wie auch im Vorwort zu dieser Anthologie, in dem sie beschreibt, woher der Satz ursprünglich stammt, verwendet sie ihn in ihrer Vorlesung *Warum schreiben? Eine Anti-Poetik* als Beispiel dafür, dass ein Autor kaum in der Lage ist, die Wirkung dessen, was er schreibt, zu berechnen: »Dafür gibt es einen einfachen Grund: Eine klare Kongruenz zwischen Autoren-Intention und Leser-Nutzen gibt es, wie die Rezeptionsästhetik schon lange weiß, nur in der sexuellen, emotionalen oder gewaltdarstellenden Pornografie. Einen Geschlechtsakt oder eine Tötungsszene könnte ich Ihnen auf eine Art und Weise schildern, die bei Ihnen zu voraussehbaren, ja, berechenbaren Reaktionen führt. Schreibe ich hingegen einen Satz wie ›Rosa ist das Grau der Optimisten‹ oder: ›Als ich am Morgen erwachte, trug ich eine Jacke aus Schmerz‹, habe ich nicht die geringste Ahnung, was Sie beim Lesen daraus machen.« (in: Juli Zeh, Georg M. Oswald: Aufgedrängte Bereicherung. Tübinger Poetik-Dozentur 2010. Hg. v. Dorothee Kimmich und Philipp A. Ostrowicz, unter Mitarbeit von Anja-Simone Michalski. Künzelsau: Swiridoff 2011). Für Zeh definiert sich Literatur in Abgrenzung zu Kitsch und Pornografie eben gerade durch diese Unvorhersehbarkeit der eigenen Wirkung beim Rezipienten.

Juli Zeh greift damit einen grundlegenden Diskurs der Literaturwissenschaft der letzten 50 Jahre auf. Manchmal werden Schüler auch heute noch im Deutschunterricht mit der Frage konfrontiert: »Was will der Autor uns damit sagen?« Dies suggeriert, der Autor habe mit seinem Text so etwas wie eine »Botschaft« an den Leser und wolle ihm quasi durch den Text hindurch etwas mitteilen. Dieser Frage wurde 1968 durch den französischen Philosophen Roland Barthes radikal die Grundlage entzogen. Barthes postulierte den *Tod des Autors*. Für ihn und nachfolgend die poststrukturalistische Literaturwissenschaft ist nicht mehr der Autor für die Erschaffung der Bedeutung, der »Botschaft« eines Textes wichtig, sondern vielmehr der Leser selbst. Erst im Akt des Lesens wird ein Sinn konstruiert. Juli Zeh schließt sich dieser Haltung an und überträgt sie auf ihre eigenen Texte. In ihrer Poetik-Vorlesung sagt sie: »Der Vogel balzt, steckt sein Revier ab, vertreibt sich die Zeit, versichert sich unablässig seines eigenen Daseins. Ich zwitschere, also bin ich. Eine Poetik besitzt er höchstwahrscheinlich nicht. Trotzdem stehen unter den Bäumen die Menschen und sagen: Sieh nur, die Meisen freuen sich über den Frühling. Oder: Hör doch, die verliebte Nachtigall! So ist die Literatur.«

Im Vorwort zu dieser Anthologie lässt uns Juli Zeh aber auch »an der anderen Seite« des Schreibens teilhaben. Sie erzählt, wie sie auf das Thema des Würth-Literaturpreises 2011 gekommen ist, wie ihr der Satz wie eine Sternschnuppe vom Himmel entgegenfiel. Und obwohl ihr selbst die Bedeutung des kleinen Satzes nicht ganz klar ist, sie gar keine Bedeutung vorgeben möchte, entsteht in der Folge des kleinen Satzes eine ganze Geschichte. Sie nennt es einen »Schweif aus Assoziationen«. Juli Zehs Geschichte zu ihrem Thema beginnt mit einem Bild, das ihr einfällt, sie beschreibt genau den Prozess des eigenen Schreibens. Ähnlich muss es auch den Teilnehmern des Würth-Literaturpreises 2011 gegangen sein – ein einzelner Satz steht am Beginn so vieler Geschichte. Und die Ideen zu diesem Satz sind so vielfältig wie die Texte dieser Anthologie. Der Siegertext *Am Klippenrand* von Anke Laufer ist ein ernsthafter Text, der am Ende eine hoffnungsvolle Wendung nimmt. Anna-Kathrin Warners Text *Schneeland* ist hingegen ein Kabinettstück der menschlichen Beziehungen, der dritte der Siegertexte, *Monbazillac* von Gerhard Dick, eine humorvolle Umsetzung des

Preis-Themas, in der es um das Verhältnis zwischen Geld und Genuss geht, vor allem aber um die Absurdität der uns umgebenden Welt.

Die Auswahl der hier publizierten Beiträge traf die Jury des Würth-Literaturpreises, der ausschließlich Texte in anonymisierter Form – mit Kennwort und Kennziffer versehen – vorgelegt wurden. Der Würth-Literaturpreis wird jährlich im Zusammenhang mit der Tübinger Poetik-Dozentur ausgeschrieben. Das Thema stellt der jeweilige Poetik-Dozent in seiner letzten Vorlesung. Zur Teilnahme aufgerufen sind jedoch nicht nur die unmittelbaren Hörer der Poetik-Dozentur, sondern Autoren, die sich literarisch-produktiv mit diesem Thema auseinandersetzen wollen. Der Würth-Literaturpreis wurde – zusammen mit der Tübinger Poetik-Dozentur –1996 von der Stiftung Würth gestiftet.

Die Mitglieder der Jury sind: Hans-Ulrich Grunder (Professor für Pädagogik, Fachhochschule Aargau); Dorothee Kimmich (Professorin für Neuere deutsche Literatur, Universität Tübingen); Manfred Papst (Leiter des Ressorts Kultur der NZZ am Sonntag, Zürich); Karl-Heinz Ott (Schriftsteller, Baden-Württemberg); Thomas Scheuffelen (Professor für Literaturwissenschaft, TU Darmstadt). Geleitet wird die Jury von Philipp Alexander Ostrowicz (Literaturwissenschaftler, University of Southern Denmark).

Biographien der Autorinnen und Autoren

Horst Berger, geboren 1940 in Brünn, aufgewachsen im Berchtesgadener Land, war als Architekt bzw. als technischer Beamter im öffentlichen Dienst tätig. Heute lebt er mit seiner Frau in Rosenheim/Oberbayern. Neben einer Vielzahl von Kurzgeschichten, die teilweise in die Endrunde bei Wettbewerben gekommen sind, hat er drei Manuskripte für Kinder- und Jugendromane fertiggestellt. Sie sind noch auf der Suche nach ihrem Verlag. Zurzeit ist eine Sammlung satirischer Geschichten über die Menschen im Inn- und Chiemgau in Arbeit.

Gerhard Dick, geboren 1949, verbrachte seine Kindheit in der Hallertau und im Berchtesgadener Land. Nach dem Studium der Germanistik und Anglistik in Freiburg/Br. wurde er Gymnasiallehrer in England und Bayern. Langjährige Tätigkeit als Schulbuchautor beim Ernst Klett Verlag in Stuttgart. Literarische Aktivitäten (Lesungen mit Musik) in Schwaben, auch als Dialekt-Lyriker. Der Autor lebt mit seiner Familie in Immenstadt im Allgäu. Veröffentlichungen: *Die Nudistenwallfahrt* (Roman), Wien (Guthmann-Peterson 2008); *Brosis-Elleg*, in: Unterwegs, Literaturpreis des Bezirks Schwaben 2009, Augsburg (Wißner Verlag 2009); *Pastorale*, in: Wie fühlt es sich an, ein Tier zu sein? 21. Würth-Literaturpreis (Künzelsau 2010).

Dagmar Dusil, geboren in Hermannstadt/Sibiu (Siebenbürgen, Rumänien). Nach dem Studium der Anglistik und Germanistik in Klausenburg arbeitete sie als Englischlehrerin in Hermannstadt. 1985 reiste sie mit ihrer Familie in die Bundesrepublik Deutschland aus und war in der freien Wirtschaft als Englischübersetzerin tätig. Dagmar Dusil lebt heute in Bamberg. In Rumänien veröffentlichte sie Gedichte in Zeitschriften. In Deutschland gab sie zwei Bücher heraus (*Blick zurück durchs Küchenfenster* und *Kulinarisches Heim- und Fernweh*). Gemeinsam mit Dr. Klaus Weinrich gründete sie 2003 den Johannis Reeg Verlag mit dem Publikationsschwerpunkt Siebenbürgen. Hier erschien 2008 ihre Übersetzung des Bandes *Triumful paparudei* von Ioana Ieronim unter dem Titel *Brückengasse ohne Ufer*. Ein Band Kurzgeschichten ist in Vorbereitung.

ANDREA GERSTER, geboren 1959, lebt und arbeitet in der Schweiz am Bodensee als Autorin in den Bereichen Literatur, Kunst und Theater sowie als freie Journalistin. Bisher erschienen die Romane *Schandbriefe* (2010) und *Dazwischen Lili* (2008) sowie die Erzählbände *Instantgeschichten* (2010), *Mimosa fliegt* (2009) und *Käfermanns Liebe* (2004). Die Autorin erhielt zahlreiche Literatur- und Förderpreise. Internetpräsenz: www.wordworker.ch.

ANNEGRET GLOCK, 1958 in Öhringen geboren, wohnt in Windischenbach im Hohenlohekreis. 1998 erschien ihr Debütroman, der zuvor knapp den Peter-Härtling-Preis verfehlt hatte. Veröffentlichungen in Anthologien, Magazinen, Literaturzeitschriften, teilweise unter Pseudonym; verfasst Buchrezensionen.

BIRGIT HOFMANN, geboren 1975 in Heidelberg, ist Doktorandin der Politikwissenschaft und Dozentin am *Institute for the International Education of Students* (IES) in Freiburg.
Ihr Studium der Politikwissenschaft und Germanistik an den Universitäten Heidelberg und Freiburg beendete sie 2002 mit dem Magister Artium (M.A.). Seither war sie u.a. als Wissenschaftliche Mitarbeiterin, Lehrbeauftragte und freie Journalistin tätig. Sie erhielt mehrere Stipendien, so von der Heinrich Böll Stiftung und vom Deutsch-

Tschechischen Zukunftsfonds. In den vergangenen Jahren lebte und arbeitete sie in Heidelberg, Freiburg und Prag.
Ihre literarische Arbeit erhielt mehrere Auszeichnungen, darunter die Einladung zum *open mike* 1999 und die Aufnahme in die Auswahl zum Würth-Literaturpreis 2006. Im Jahr 2007 war sie Stipendiatin des Elften Klagenfurter Literaturkurses.

Birgit Juresa, geboren 1963 in Nürnberg, verheiratet, zwei erwachsene Söhne, wohnt in Kirchentellinsfurt bei Tübingen. Germanistik- und Romanistikstudium an der Universität Erlangen (1983/1984), Ausbildung zur Sport- und Gymnastiklehrerin und zur Industriekauffrau, Berufstätigkeit in beiden Berufen. Seit 2001 tätig an der Universität Tübingen im Dezernat für Internationale Angelegenheiten. Derzeit Masterstudiengang *Literarisches Schreiben* an der IB Hochschule Stuttgart, verschiedene Veröffentlichungen in Anthologien, u.a. *Weggefährten,* in: Wege auf dem Land. Neue Geschichten und Gedichte aus Baden-Württemberg, Silberburg-Verlag 2007 (im Rahmen eines Literaturwettbewerbs der Akademie Ländlicher Raum Baden-Württemberg).

Gabriele Kögl, 1960 in Graz geboren, studierte Lehramt und danach Drehbuch an der Filmakademie Wien. Sie schrieb Drehbücher für Spielfilme, später auch Romane und wurde 1995 für *Das Mensch* mit dem Clemens-Brentano-Preis für das beste Roman-Debut ausgezeichnet. Für Ausschnitte aus ihren Roman *Mutterseele* erhielt sie den Alfred-Gesswein-Preis und den Würth-Literaturpreis. Zuletzt wurde sie für ihr Stück *Fressen, Kaufen, Gassi gehen* mit dem 1. Preis für Volkstheaterstücke des Landes Baden-Württemberg ausgezeichnet und für das Stück *Mein Leben als Konsument* mit dem 1. Preis des Oberösterreichischen Dramenwettbewerbs 2009. Eben erschienen ist ihr neuester Roman *Vorstadthimmel* im Wallstein-Verlag (2011).

Anke Laufer, geboren 1965 in Villingen/Schwarzwald, lebt heute mit ihrer Familie in Kusterdingen-Mähringen. Ethnologie- und Politikstudium in Freiburg/Br. Mehrere Langzeit-Feldforschungen in Lima/ Peru. Promotion 1998. Jobs als freie Korrektorin, Redakteurin und Projektkoordinatorin im Verlagswesen. Literarische Veröffentlichungen seit 2006. Schwäbischer Literaturpreis 2007, Deutscher Kurzkrimipreis 2009, Literaturpreis der Buchmesse im Ried 2010. Dritte Plätze beim Nordhessischen Autorenpreis 2009, beim Schwäbischen Literaturpreis 2009 und beim *Irseer Pegasus* 2010. Stipendium der MFG Filmförderung Baden-Württemberg 2009, Stipendien des Förderkreises Deutscher Schriftsteller in Baden-Württemberg 2007/2008 sowie 2011. Mitglied im Verband Deutscher Schriftsteller, im Förderkreis Deutscher Schriftsteller in Baden-Württemberg und in der Autorinnenvereinigung Dreiländereck.

Que Du Luu, geboren 1973, aufgewachsen in Herford, lebt in Bielefeld, studierte Germanistik und Philosophie. 2006 erschien ihr erster Roman *Totalschaden* bei Reclam. 2011 erschien der zweite Roman *Vielleicht will ich alles* bei Kiepenheuer & Witsch. Einige Auszeichnungen, u.a. erhielt sie 2007 den Adelbert-von-Chamisso-Förderpreis, 2009 den Förderpreis des Landes Nordrhein-Westfalen für junge Künstlerinnen und Künstler in der Sparte Dichtung/Schriftstellerei sowie ein Stipendium der Robert-Bosch-Stiftung und 2010 den GWK-Förderpreis. Mehr unter www.queduluu.de.

Barbara Reuschle wurde 1956 in Stuttgart geboren. Innerhalb Deutschlands arbeitete sie an wechselnden Orten zunächst als Krankenschwester, später als Köchin. Ihre Leidenschaft gilt zudem dem Schreiben, der Archäologie und der Arbeit mit Tieren. Im Moment lebt sie mit Mann und Hund in Bad Wimpfen.

Iris Schmidt, geboren 1967 in Hamm, Abitur, Ausbildung bei Thyssen, Studium der Sozialpädagogik in Dortmund, Arbeit an Schulen, in der Behinderten- und integrativen Pädagogik. Lebt in Düsseldorf und Hamm. Veröffentlichungen u.a. in Literaturzeitschriften und Anthologien. *Höllenkinder*, Roman SWB Verlag Stuttgart. Mehrere Literaturpreise, Stipendium der Kunststiftung NRW, Stipendium des Landes NRW.

Peter Schwendele, geboren 1965 in Ehingen/Donau, aufgewachsen in Munderkingen. Nach dem Zivildienst und einem längeren Auslandsaufenthalt in Indien studierte er in Freiburg/Br. Politikwissenschaft, Geschichte und Soziologie. Seit 1995 lebt er in Schopfheim in der Nähe der Schweizer Grenze und ist dort beruflich als Journalist bei der Tageszeitung *Markgräfler Tagblatt* tätig. In seiner Freizeit schreibt er sowohl Kurzgeschichten als auch längere Prosatexte. Vor Kurzem hat er ein Romanmanuskript fertig gestellt, das derzeit auf der Suche nach einem Verlag ist.

Christoph Steier, geboren 1979 in Bielefeld, lebt nach Studium in Erfurt, Dublin und Zürich als Autor und Literaturwissenschaftler in Zürich. 2008 erschien der Roman *Tauchertage*, 2009 folgte die Kriminalnovelle *Framhuysen*, beide im Mitteldeutschen Verlag.

Anna-Kathrin Warner, geboren 1968, verheiratet, drei Kinder, lebt in Nottensdorf. Studium der Germanistik und Ethnologie in Bonn und Hamburg. Forschungsaufenthalte in Italien, Promotion in Ethnologie an der Universität Bremen. Kulturwissenschaftliche Lehraufträge, interkulturelle Trainings, Fachvertretungslehrkraft für Deutsch. Mitglied der Autorengruppe Espressivo. Veröffentlichungen von Kurzgeschichten und -krimis in verschiedenen Anthologien, u.a.: *Augusthitze*, in: Und übermorgen Augsburg. Kurzgeschichten von 28 Autoren. Hg. C. Froeschl. Lerato Verlag 2008; *Freier Fall*, in: Mord an der Schwebefähre. 33 Kriminalgeschichten. Hg. Elke Loewe. Verlag Atelier im Bauernhaus 2009; *Zwischenstation*, *Der Barkeeper*, *Zur Probe*, *Venedig im Winter*, in: Zwischenstation und 35 andere Hotelgeschichten. Autorengruppe Espressivo. Hg. Chr. Kaatz. Mohland Verlag 2009; *Auf dem Bodden*, in: Herz der Störche und weitere Krimi-Kurzgeschichten aus Mecklenburg-Vorpommern. Schelfbuch Verlag 2010.